2018年广西哲学社会科学规划研究课题"北部湾城市群绿色金融合作模式研究"（批准号：18FJY001）

U0610807

经济管理学术文库·经济类

北部湾城市群与东盟绿色金融合作模式研究

Research on Green Finance Cooperation
Model between Beibu Gulf City Cluster and ASEAN

梁 刚／著

经济管理出版社
ECONOMY & MANAGEMENT PUBLISHING HOUSE

图书在版编目（CIP）数据

北部湾城市群与东盟绿色金融合作模式研究/梁刚著.—北京：经济管理出版社，
2020.11
ISBN 978 - 7 - 5096 - 7605 - 9

Ⅰ.①北…　Ⅱ.①梁…　Ⅲ.①城市群—区域金融—经济合作—研究—中国、东南亚国
家联盟　Ⅳ.①F832.6②F833.306

中国版本图书馆 CIP 数据核字（2020）第 247165 号

组稿编辑：张巧梅
责任编辑：张巧梅
责任印制：黄章平
责任校对：王淑卿

出版发行：经济管理出版社
　　　　　（北京市海淀区北蜂窝 8 号中雅大厦 A 座 11 层　100038）
网　　　址：www. E - mp. com. cn
电　　　话：（010）51915602
印　　　刷：唐山昊达印刷有限公司
经　　　销：新华书店
开　　　本：720mm × 1000mm/16
印　　　张：14
字　　　数：214 千字
版　　　次：2020 年 12 月第 1 版　　2020 年 12 月第 1 次印刷
书　　　号：ISBN 978 - 7 - 5096 - 7605 - 9
定　　　价：78.00 元

前　言

2017 年 1 月 20 日，国务院批复同意建设涵盖广西、广东和海南三个省区的北部湾国家级城市群，同时规划中提到，要把北部湾打造成环境友好型现代产业体系，坚持绿色化、特色化发展方向。绿色金融的发展构建对促进北部湾城市群建设起到至关重要的作用。同时，北部湾城市群是中国规划面向东盟发展的重要门户，具有天然的地理优势和文化优势，这是中国—东盟合作发展中不可或缺的一环，北部湾城市群可作为东盟绿色金融发展的驱动力。绿色金融的出发点是通过金融工具促进经济、社会的可持续发展，以金融手段缓解能源和环境问题。所以绿色金融作为经济转型融资、培育新增长点和环境保护的有效手段，能够切实解决当下东盟各国面临的生态环境突出、经济结构急需优化的难题。

本书通过研究北部湾城市群发展规划中绿色发展的实际需要，在研究借鉴国内外其他发展绿色金融地区的成功经验以及当前我国绿色金融发展特点的基础上，找出适合北部湾城市群绿色金融合作发展的路径。进而，针对北部湾城市群与东盟国家发展的现状与特点，寻找北部湾城市群与东盟国家在经济发展过程中存在的难点，以绿色金融发展为主要驱动力，研究提出北部湾城市群地区与东盟国家绿色金融合作方案，以便更好地引导和服务东盟国家经济社会协调可持续发展。全书共分为上下两篇，上篇为北部湾城市群绿色金融合作模式研究，下篇为北部湾城市群与东盟绿色金融合作模式研究。

目　录

上篇　北部湾城市群绿色金融合作模式研究

第一章　绪论

第一节　背景分析及研究意义

一、研究背景

城市群是城市发展到成熟阶段的最高结构组织形式，是在地域上以大城市为中心分布的若干城市集聚而成的庞大的、多核心、多层次城市集群，是大都市区的联合体。在我国，截至 2019 年 2 月 18 日，国务院先后批复了 10 个国家级城市群，我国城市群的大量设立反映了国家对于城市的规划与发展的重视，说明城市群建设对我国城市化与区域经济协同发展有着不可忽视的强势推动。其中，北部湾城市群作为国务院 2017 年批复成立 3 年的城市群，其初始建设规划对广西、广东与海南三个省级行政区的经济发展、资源配置以及空间结构配置有着不可忽视的作用。

近年来，我国基于经济结构和增长方式的转型需要，把生态文明建设加入国家战略，绿色金融成为实现生态文明的重要方式。2017 年 6 月国务院常务会议决定，选择浙江、江西、广东、贵州、新疆 5 省（区）部分区域，建设各有侧重和特色的绿色金融改革创新试验区，支持金融机构设立绿色金融事业部或绿色支行，鼓励发展绿色信贷，并逐步向全国推广。在国家战略的支持引导下，现如今，我国已经初步建立了相关的绿色金融发展政策体系。绿色金融是支持环境改善、应对气候变化和资源节约高效利用的经济活动，它的主要作用是引导资金流向节约资源开发和生态环境保护产业，引导企业生产更注重绿色环保，引导消费者形成绿色消费理念和方式，促进环保和经济社会的可持续发展。

因此，通过绿色金融制度安排和产品创新，充分发挥金融的导向作用，是为实现应对气候变化、环境保护和资源节约及高效利用经济活动提供资金融通、风险管理的有力保证。大力发展绿色金融，能够有效缓解和遏制生态恶化的趋势，是实现绿色发展的重要措施。

二、研究意义

城市群的建设是国家"十三五"规划中重要的一环，建立城市群的目的是利用核心城市带动周围城市的发展，增强区域间的联系，从而使得核心城市发挥其经济辐射作用，带动周边城市的经济向着规模化协同发展。北部湾城市群于 2017 年初获得批复进行规划建设，作为新兴发展的城市群，在 2020 年已经初现规模。因为北部湾城市群的建设时间不长，所以目前相关的研究开展得还不多。近几年，绿色金融在我国也是一个新兴的研究热点，在北部湾城市群里开展绿色金融的相关研究更是凤毛麟角。所以，北部湾城市群绿色金融合作模式以及实施路径的研究，对于整个北部湾区域的可持续发展、城市圈的经济辐射带动作用，以及发挥地缘优势建立起沟通东盟国家的主要城市群，具有重要的理论研究意义与实践参考价值。

第二节　国内外相关研究梳理

一、国内相关研究梳理

我国的学者对绿色金融的研究主要有以下两方面：发展模式和金融机构。于永达和郭沛源（2003）指出，绿色金融能够促进可持续发展，对我国未来经济发展有着重要作用。江通和何建奎（2006）指出，为避免金融投资产生的不良环境影响会增加偿债风险，从而降低金融投资客户的营利能力，因此，发展绿色金融是金融机构自身发展的需要。陈保启和王卉彤（2006）认为，从制度层面出发，构建激励性的绿色金融发展机制，可以实现循环经济和金融创新双赢。邓常春（2008）认为，绿色金融是低碳经济时代的金融创新，可实现社会经济可持续发展。马俊（2015）认为，绿色金融是指能够产生环境效益的，支持可持续发展的投融资活动。单国俊（2018）通过对目前绿色金融的执行标准、市场发展状况以及政策演进脉络等方面进行梳理分析，以期在厘清绿色金融发展态势的基础上，对我国商业银行主动支持绿色产业提供参考。闫怀艳、吴秋房和万佳（2018）认为，建立政策引导与市场驱动相结合的机制，加快绿色金融创新，对于我国绿色金融的可持续发展具有重要意义。

我国政府的相关支持政策有：2016 年 8 月 31 日，中国人民银行等七部委发布《关于构建绿色金融体系的指导意见》，将绿色金融定义为：为支持环境改善、应对气候变化和资源节约高效利用的经济活动，即对环保、节能、清洁能源、绿色交通、绿色建筑等领域的项目投融资、项目运营、风险管理等所提供的金融服务。2019 年 3 月由国家发改委等七部委联合出台的《绿色产业指导目录（2019 年版）》及解释说明文件中对于绿色产业与绿色项目进行了全面的解释与引导。2019 年 5 月 13 日，人民银行发布《关于支持绿色金融改革创新试验区发行绿色债务融资工具的通知》，通过支持绿色金融改革创新试验区发行绿色债务融资工具，进一步发展我国绿色金融市场，加强绿色金融改革创新试验区建设。

二、国外相关研究梳理

国外学者对绿色金融的研究主要在概念方面。Salazar（1998）定义绿色金融是寻求环境保护路径的金融创新，是改变现有环境状况的重要途径。Cowan（1999）论述了绿色经济同资金融通的关系，认为绿色金融是绿色经济和金融学的交叉学科，对研究绿色金融具有重要意义。Labatt 和 White（2002）认为，面对环境质量下降，绿色金融是一种可以有效地转移环境风险的金融工具。Manmohan Vyas（2017）谈到，绿色金融对于各商业机构在促进环境可持续发展方面具有重要作用。

第二章 北部湾城市群与国内外
知名城市群比较分析

通过研究北部湾城市群的基本情况、发展脉络及功能定位，并与国内一些知名城市群的发展情况进行比较。然后以国际知名城市群为例，梳理其基本特征、发展路径，归纳总结其打造优质社会的实践经验，再通过城市群之间的比较分析，为北部湾城市群的发展建设提供借鉴。

第一节 北部湾城市群简介

一、基本情况

北部湾城市群是国务院于 2017 年 1 月 20 日批复同意建设的国家级城市群，规划覆盖范围包括广西壮族自治区南宁市、北海市、钦州市、防城港市、玉林市、崇左市，广东省湛江市、茂名市、阳江市和海南省海口市、儋州市、东方市、澄迈县、临高县、昌江县 15 个市（县）。城市群规划陆域面积 11.66

万平方公里，2018年末总人口数量约为5000万，海岸线4234公里，还包括相应海域。北部湾城市群背靠祖国大西南、毗邻粤港澳、面向东南亚，位于全国"两横三纵"城镇化战略格局中沿海纵轴最南端，是我国沿海沿边开放的交汇地区。北部湾城市群起到连接我国粤港澳大湾区以及长三角等发达城市群的作用，可以为自身经济发展注入新的活力。同时又积极响应国家西部大开发的战略和与邻和睦的对外开放外交方针，通过丝绸之路经济带辐射到西南经济区、加深我国与东盟开放合作的大格局。城市群框架发展规划总体可以概括为"一湾""双轴""一核""两轴"八个字。

二、发展脉络

北部湾城市群的发展主要经历了以下两个阶段，如表2－1所示：

表2－1　北部湾城市群发展脉络

规划时间	规划名称	规划城市	规划目的
2008年1月16日	广西北部湾经济区	南宁、北海、钦州、防城港加上玉林和崇左"4+2"模式	中国—东盟开放合作的物流基地、商贸基地、加工制造基地和信息交流中心，成为带动、支撑西部大开发的战略高地和开放度高、辐射力强、经济繁荣、社会和谐、生态良好的重要国际区域经济合作区
2017年1月20日	北部湾城市群	南宁、北海、钦州、防城港、玉林、崇左、湛江、茂名、阳江、海口、儋州、东方、澄迈、临高、昌江15个城市	以共建共保洁净海湾为前提，以打造面向东盟开放高地为重点，以构建环境友好型产业体系为基础，发展美丽经济，建设宜居城市和蓝色海湾城市群，充分发挥对"一带一路"有机衔接的重要门户作用和对沿海沿边开放互动、东中西部地区协调发展的独特支撑作用

1. 广西北部湾经济区

北部湾经济区的战略定位是建设成为重要国际区域经济合作区。北部湾经济区地处华南经济圈、西南经济圈和东盟经济圈的接合部，是我国西部大开发地区唯一的沿海区域，也是我国与东盟国家既有海上通道、又有陆地接壤的区域，其地理位置条件优势明显。北部湾经济区海岸线、土地、淡水、海洋、农林、旅游等自然资源丰富，生态系统环境良好，经济区内发展潜力较大，是我国沿海地区规划布局新的现代化港口群、产业群和建设高质量宜居城市的重要区域。

2. 北部湾城市群

2017～2020 年规划目标为基本建成生态环境优美、经济充满活力、生活品质优良的蓝色海湾城市群框架。

（1）蓝色海湾生态格局基本确立。以主体功能区为基础的国土开发格局基本形成，集约紧凑式开发模式成为主导，发展绿色产业，保护海陆生态环境资源，同时保持整体环境质量在全国前列。陆地生态空间占比稳定在43% 以上，自然岸线保有率稳步提高，近岸海域水质整体达到二类标准以上。

（2）对内对外开放新格局有效构建。基本建成面向东盟的通道，开放合作新机制和不断完善平台，使国际竞争新优势初步形成。同时与国内珠江三角洲、长江三角洲等发达城市群联系更加密切。

（3）城镇体系和基础设施支撑体系初步健全。南宁、海口、湛江等主要城市辐射带动作用明显增强，使得城市群各县市之间分工联系增强。便捷畅通的城市群交通运输网络基本形成，能源、水利设施保障能力明显提升，面向东盟的信息枢纽作用更加突出。

（4）一体化发展体制机制基本建立。区域市场一体化步伐加快，基础设施互联互通、基本公共服务均等享有、生态环境联防联治的机制初步建立，毗邻地区合作发展取得成效。

三、功能定位

北部湾城市群的总体定位是：发挥地缘优势，挖掘区域特质，建设面向东盟、服务"三南"（西南中南华南）、宜居宜业的蓝色海湾城市群。

围绕总体定位，加快实现以下五个发展定位：

1. 面向东盟国际大通道重要枢纽

充分发挥与东盟国家相连优势，强化完善和构建中国—中南半岛和以北部湾港口群为起点的海陆枢纽以及中国—东盟国际信息大通道。

2. "三南"开放发展新战略支点

发挥"三南"地区重要出海口作用，畅通与我国内陆城市群间的连接，推动内陆地区与东盟的交流合作。加强与沿海经济带联动，形成东中西部地区协调互动、优势互补的发展新格局。

3. 21世纪海上丝绸之路与丝绸之路经济带有机衔接的重要门户

依托独特区位优势，推动强化21世纪海上丝绸之路与丝绸之路经济带的交汇对接、衔接互动。

4. 全国重要绿色产业基地

依照存量绿色化改造、增量高端化的发展要求，构建适应湾区环境要求的产业体系。

5. 陆海统筹发展示范区

统筹促进陆域和海洋经济良性互动，探索陆海协调、人海和谐发展新模式。

第二节　国内知名城市群发展概况

一、珠三角城市群

珠江三角洲城市群包括广州、深圳、珠海等总共 15 个城市，是三个特大国家级城市群之一。珠三角素有"南海明珠"之称，创造的地区生产总值占全省的 85%，是亚太地区最具活力的经济区之一，其经济辐射到华南、华中和西南地区，且其辐射半径将延伸至东南亚国家，成为联通"一带一路"的重要门户。2015 年，根据世界银行发布的报告，珠江三角洲城市群人口密度超越日本东京。同年国务院批复通过设立国家自主创新示范区，目的是将珠江三角洲城市群打造成为一流的创新创业中心。2018 年香港、广州、深圳对城市群 GDP 贡献率最大，三个城市 GDP 占粤港澳大湾区总值均达 20% 以上。深圳人口占城市群总人口的 19.88%，为占比最高的城市。肇庆、惠州土地面积占比达 20% 以上，位于前两名（本书所指的珠江三角城市群与国务院最新批复的粤港澳大湾区范围相同）。

二、京津冀城市群

京津冀城市群涵盖北京市、天津市、河北省内共 16 市，其是我国的政治和文化中心、北方重要的经济核心区。京津冀协同发展是我国的三大国家战略之一，其总体定位是"以首都为核心的世界级城市群、区域整体协同发展改革引领区、全国创新驱动经济增长新引擎、生态修复环境改善示范区"。2018 年国务院明确指出要发挥北京的辐射带动作用，推动环渤海地区经济协同发展，建设以北京为核心的世界级城市群。同年推动了河北省雄安新区建设以疏解首都人口密集等经济压力，更好地促进区域协同发展。

三、长三角城市群

根据规划，长江三角洲城市群包括上海市、江苏省、浙江省和安徽省内共27个市，区域面积35.8万平方公里，占国土面积的3.7%。长江三角洲是中国经济最发达、开放程度最高、城镇集聚程度最高的城市化地区。长三角城市群是"一带一路"经济带与长江经济带的重要交汇处，在中国的现代化建设与对外开放基本格局中具有重要地位，目前已是国际公认的六大世界级城市群之一。2018年长三角经济区26个城市的GDP总量之和为17.8万亿元，约占全国GDP总量的19.5%，2018年GDP较2017年GDP增长了1.27万亿元人民币，增速为7.14%，高于全国GDP平均增速6.6%。第三产业对经济增长的贡献率为48.75%，相比上年同比增长约7.95%，第三产业对经济增长的支撑增强，加快了长三角从制造业为主向服务业、制造业并重转变，产业结构区域优化。

第三节　北部湾城市群与国内知名城市群比较

根据资料整理，主要从占地面积、人口规模、经济总量、人均GDP、第三产业占比以及生态环境水平等基本指标进行简要比较，如表2-2所示。

从表2-2中数据分析比较，长江三角、京津冀陆地面积大约是北部湾的两倍，而珠江三角则是北部湾的一半左右，但在人口总量指标方面，北部湾城市群都少于其他城市群，相对于国内其他知名城市群在GDP以及人均GDP指标上都大大落后。GDP 总量最高是长江三角的 17.8 万亿元，是北部湾 GDP 总量的 9 倍左右。北部湾城市群人均 GDP 更是低于其他城市群，都不足万元。可以通过分析得出，北部湾经济发展水平较低，缺乏发展的冲劲，导致发展水平跟不上其他城市群，经济差距越来越大。

表 2 - 2　北部湾城市群与国内城市群对比分析表（2018 年指标）

指标	国内城市群			
	北部湾	珠三角	京津冀	长三角
人口（亿人）	0.48	0.67	1.1	1.5
占地面积（万平方公里）	11.9	5.6	21.8	21.2
GDP（万亿元）	1.99	10.7	8.5	17.8
人均 GDP（万元）	0.47	16.4	9.4	11.87

表 2 - 3　四大城市群产业结构特征比较表（2018 年指标）

项目　城市群	第三产业所占比例（%）	主导产业	主要特点
长三角	48.6	电子信息、装备制造、钢铁制造、石化、汽车、纺织服装、现代金融、商贸、现代物流、文化创意等现代服务业	第三产业比重大，同时高新技术产业、第二产业也占有重要地位
珠三角	66.5	金融和银行服务、高新科技业、信息产业	以金融业和银行服务业为主，高科技技术产业和信息产业为辅，第三产业占比程度较高
京津冀	66	现代服务业、高新技术业、信息产业	以高科技产业、信息技术业为主，第三产业比重增大
北部湾	49.4	电子信息、石油化工、冶金精深加工、轻工食品、装备制造、生物医药和健康	产业类型以劳动密集型为主，第一产业占比偏高，第三产业经济带动力不强

从产业结构看，四个城市群的第三产业占比均不低，北部湾城市群第三产业比重略高于长三角城市群。长三角、京津冀和珠三角主导产业完善程度差别较小，产业链条比较完善，而北部湾侧重于第二产业，通过劳动密集型产业带动经济发展，缺乏资本、高新技术型产业的发展，其产业结构有待优化，产业发展质量仍有待提高。

表 2 - 4 四大城市群生态环境水平比较表（2018 年指标）

项目　　　城市群	PM2.5 浓度（微克/立方米）	地表水质量分类占比（%）		
		一类	二类	三类
长三角	46.2	9.7	55.4	24
珠三角	28.73	10.9	55.2	18.2
京津冀	60	7.5	17.4	18.7
北部湾	26	0.9	49.8	48.8

从生态环境对比分析，北部湾空气质量优于其他城市群，但在地表水质量所占的优势较小。北部湾一类水质量只占 0.9%，而一类水质量最好的珠三角城市群占到了 10.9%，是北部湾一类水质量的 12 倍多，但北部湾二类、三类的水质量占比总量高于其他城市群。

综合对比分析，与国内其他三大知名城市群相比，北部湾城市群在陆地面积、人口数量指标上都不占明显优势，但也说明北部湾城市群有着广大的发展空间，具有一定的发展后劲。在总量与人均 GDP 上，北部湾与其他城市群存在较大的差距。在生态环境指标上处于一定的优势地位，说明北部湾发展具有绿色金融的发展潜力较大。

第四节　国际知名城市群发展概况

一、美国东北部大西洋沿岸城市群

该城市群以波士顿、纽约、费城、巴尔的摩、华盛顿几个大城市为核心，涵盖 40 个 10 万人以上的中小城市。该城市群面积占美国总面积的 1.5%，人口 6500 万，是美国总人口的 20%。该城市群是世界最大的金融中心，制造业产值占全美的 70%，城市化水平很高，达到 90% 以上。

二、北美五大湖城市群

北美五大湖城市群分布于五大湖沿岸，从芝加哥向东到底特律、克利夫兰、匹兹堡，一直延伸到加拿大的多伦多和蒙特利尔。美国通用、福特和克莱斯勒三大汽车公司，其产量和销售额约占美国总数的 80% 左右，是美国的著名钢铁城和汽车城。

三、日本太平洋沿岸城市群

日本太平洋城市群分为东京、大阪和名古屋三个城市圈。占地面积 3.5 万平方公里，占日本国土的 6%；人口将近 7000 万，占总人口的 61%。日本形成了东京湾、伊势湾、大阪湾及濑户内海"三湾一海"沿岸地区，含京滨、名古屋、阪神、北九州四大工业区。工业产值占全国的 65%，分布着日本 80% 以上的金融、教育、出版、信息和研究开发机构。

第五节　北部湾城市群与国际知名城市群比较分析

一、主要指标分析

北部湾城市群在与美国东北部大西洋沿岸城市群、北美五大湖城市群、日本太平洋沿岸城市群在土地、人口、GDP 等主要指标上的对比结果如表 2 - 5 所示：

表 2 - 5　四大城市群土地、人口和 GDP 比较表

	土地使用情况		人口总量（万人）	GDP	
	陆地面积（万平方公里）	重要城市		总量（万亿美元）	人均（万美元）
美国东北部大西洋沿岸	13.8	波士顿、纽约、费城、巴尔的摩、华盛顿	6500	4.03	6.20
北美五大湖	24.3	芝加哥、底特律、多伦多、蒙特利尔	5000	3.36	6.72
日本太平洋沿岸	3.5	东京、大阪、名古屋	7000	3.38	4.83
北部湾城市群	11.66	南宁市、湛江市、海口市	4800	0.28	0.07

从表格中我们可以看出，北部湾城市群的面积比国际三个知名城市群小，人口数量也最少。人均 GDP 指标，北部湾城市群和其他三大城市群差距巨大，仅相当于美国东北部大西洋沿岸城市群的 1.12%、北美五大湖城市群的 1.04%、日本太平洋沿岸城市群的 1.45%。

二、差距致因分析

北部湾城市群之所以在一些关键指标上尚存较大的差距，主要原因在于与国际三大知名城市群相比，存在以下的差异：

1. 所处发展阶段的差异

美国东北部大西洋沿岸、北美五大湖和日本太平洋沿岸城市群已经达到发展高峰期，目前处于发展稳定期，而北部湾城市群正处于培育和发展阶段。

2. 全球发展地位差异

美国东北部大西洋沿岸、北美五大湖和日本太平洋沿岸城市群是世界知名城市群，位于世界城市群发展的高层次水平。北部湾城市群刚刚起步，正在努力通过创新提升其在中国乃至全球的发展地位。

三、对北部湾城市群的启示

纵观国际知名城市群的发展概况，其发展的共同点是经济规模庞大、产业体系先进、市场环境开放自由、文化氛围包容多元、交通网络发达、都市形态现代化、协调机制层次分明、城市分工明确。北部湾城市群的发展刚刚起步，整体的发展质量和创新水平与发达国家城市群相比还存在很大的差距。总结国际城市群的发展经验，可对北部湾城市群的建设发展提供如下启示：

1. 产业结构升级优化

处于中低端的产业发展对城市群的经济推动力不大，只有对产业结构优化升级，才能促进区域可持续发展。即使城市群的产业发展不均衡、产业结构不够优化，也可根据城市不同的分工和定位，让其发挥自身优势，承担不同的角色，实现优势互补，可使经济发展的效率达到最大。重点打造港航业，实现航运能力的提升；延伸石化、电子信息、林纸、新材料等产业链，推动产业集群化发展；培育以汽车、修造船、机械设备等重点先进装备制造业的发展；开发海洋资源，重视海洋产业的发展；以交通、物流、金融以及电子方面为主发展现代服务业；培育生物材料、新能源、环保产业。

2. 科技创新系统完善

科技是经济发展最强有力的推手。只有提高区域科技水平，实施创新驱动发展战略，创新完善发展系统，提高工业信息与农业技术科技创新水平，现系统内部各环节互联互通，实现创新资源的自由循环流动，不断推陈出新，才能为城市群的经济发展提供源源不断的驱动力。

3. 重视教育集聚人才

人才集聚是经济发展的基础。多元化的文化氛围提供多样化的文化体验与文化包容，可以助力城市群的研发和商业机构建立多样化的人才库。

4. 强化金融支撑作用

美国东北部大西洋沿岸城市群是世界最大的金融中心，强大的金融服务是经济发展的重要支撑，也是世界一流城市群的主要特征。

5. 重视交通等基础设施建设

交通是城市之间各种要素流通的载体，国内外成熟的城市群无一不具有高度发达的交通网络。随着城市分工不断细化的趋势，对于交通就有了更高的需求与要求，经济的发展迫切需要快速、便捷、承载力强的交通通道作为支撑。日本东京城市群已经实现轨道交通全覆盖，长三角、珠三角等正在全力建设城际地铁、高速铁路。当前北部湾城市群处于发展初级阶段，区域内交通网络尚需进一步完善。

6. 构建协调合作机制，明确城市分工

城市群由不同的利益主体汇集而成，其内部存在着错综复杂的利益关系，需要相应的协调机制调节利益关系。美国东北部城市群协调机制的特点主要表现为通过细化区域公共问题分类再下设各个管理部门，同时强调社会参与，地方政府给予民间组织充分的参与空间，社会协调成为区域协调的主要方式。鉴于国情差异，国内区域合作更偏重于政府主导。但是，目前北部湾城市群无论是在政府管理方面还是在社会参与等方面都还比较分散混乱，未能形成常态化的协调机制，构建完整的协调机制将成为北部湾城市群平衡城市利益关系的必然选择。

第六节　小结

北部湾城市群刚刚起步建设，与国内其他几个知名城市群相比属于低层次水平，建设一流城市群的基础条件还不成熟。与世界三大知名城市群相比，其在人均 GDP 等指标上存在较大差距。北部湾城市群在实现规划目标的过程中，应正视与国家先进城市群的差距，借鉴国际知名城市群的成功经验，从以下几方面做好改进：做好内部产业功能区划，明确分工，形成互补，重点从支柱性产业进行深化改革；大力发挥金融服务业的支撑作用，尤其是积极运用绿色金融等新型金融手段，实现环境与经济发展的双赢目标；重视交通运输网络的建设在经济发展中的作用；建立适合的利益协调机制来平衡珠三角城市群等邻近城市群之间的合作关系。

第三章　北部湾城市群经济结构与产业特征

在北部湾 15 个城市中，每个城市的发展都有自己的特点，在分析各城市经济结构和产业特征的基础上，可以找出其发展的难点并提出解决思路。

第一节　各城市经济结构分析

一、各城市经济结构概述

1. 南宁经济结构

由表 3 - 1 中南宁 2013 ~ 2019 年的经济数据可以看出，南宁近 7 年来的 GDP 数值连年增长，呈较快上升趋势，在北部湾城市群中处于高层次水平。在产业结构变化上，第一产业产值呈缓慢上升趋势，占比总体为下降趋势；第二产业产值与占比均呈缓慢下降态势，第三产业近 7 年上升了 17.71%，增值较快，产业结构趋于优化。南宁市的产业结构由原来的第二、第三产业并重逐渐转变为第三产业占主导。全市经济社会保持持续健康发展的良好态势，经济步入高质量发展新阶段。南宁市工业扩量提质、结构向好，不断推进产业转型升级，持续推动"二产补短板、三产强优势"。

表 3 - 1　南宁市 2013 ~ 2019 年生产总值和三次产业情况

年份	生产总值（亿元）	第一产业（亿元）	占比（%）	第二产业（亿元）	占比（%）	第三产业（亿元）	占比（%）	人均GDP（元）
2013	2803.54	349.93	12.48	1110.89	39.62	1342.73	47.89	38994
2014	3148.32	354.69	11.27	1251.54	39.75	1542.09	48.98	45735
2015	3410.08	371.10	10.88	1345.15	39.45	1693.83	49.67	49066
2016	3703.33	395.93	10.69	1426.50	38.52	1880.90	50.79	52723
2017	4118.83	404.18	9.81	1599.50	38.83	2115.15	51.35	57948
2018	4026.91	421.31	10.46	1225.78	30.44	2379.81	59.10	55901
2019	4506.56	507.27	11.20	1044.97	23.20	2954.32	65.60	61738

资料来源：南宁市统计年鉴。

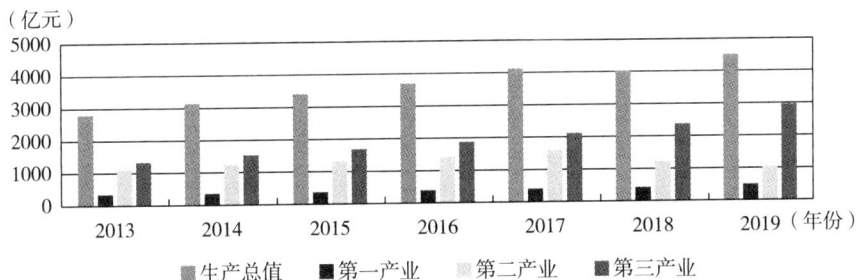

图 3 - 1　南宁市 2013 ~ 2019 年生产总值和三次产业情况

2. 北海经济结构

北海 GDP 在 2013 ~ 2019 年 7 年间，增长了 565.8 亿元，增速为 76.9%。

对北部湾城市群的经济发展贡献不断加大。从三大产业看，第一产业不断下降，第二产业浮动变化，总体呈下降趋势，第三产业呈较快上升趋势，产值不断增加，有望在未来几年内占据主要地位。在2020年经济运行情况报告中，北海以石化、金属延压、电子制造三大产业为主导，合计为全市贡献近75.4%的工业产值，拉动全市工业增加值增长7.6个百分点；高技术产业发展加快，产值增长10.8%；工业园区企业突破1300家，主要园区工业产值占全市工业总产值的90%以上，对北海市经济发展起到支撑作用。

表3-2　北海市2013～2019年生产总值和三次产业情况

年份	生产总值（亿元）	第一产业（亿元）	占比（%）	第二产业（亿元）	占比（%）	第三产业（亿元）	占比（%）	人均GDP（元）
2013	735.00	142.81	19.43	373.65	50.84	218.53	29.73	46560
2014	856.54	149.49	17.45	454.51	53.06	252.54	29.48	53636
2015	891.94	159.35	17.87	450.13	50.47	282.46	31.67	55239
2016	1006.98	175.09	17.39	516.14	51.26	315.75	31.36	61580
2017	1229.84	190.54	15.49	668.66	54.37	370.64	30.14	74378
2018	1213.30	201.22	16.60	583.19	48.10	428.89	35.30	72581
2019	1300.80	211.70	8.20	577.82	48.90	531.28	42.90	—

资料来源：北海市统计年鉴。

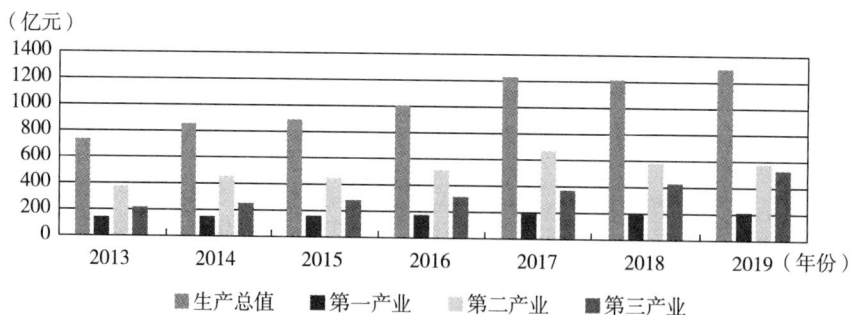

图3-2　北海市2013～2019年生产总值和三次产业情况

3. 钦州经济结构

由表 3 - 3 中钦州 2013 ~ 2019 年的经济数据可以看出，钦州近 7 年 GDP 增长较快，第一产业比重浮动变化总体呈逐渐变小态势，第二产业总体处于下降态势，第三产业产值连年增长，占比变化大，呈上升趋势。其中以石油煤炭及其他燃料加工业，木材加工和木、竹、藤、棕、草制品业，农副食品加工业，造纸和纸制品业，电力生产和供应业，黑色金属冶炼和压延加工业等为主导产业，尤其以制品业增幅最大，增加值达到 71.2%，主导行业增加值占全市比重的 83.8%，拉动全市规模上工业增加值增长 11.5%。

表 3 - 3　钦州市 2013 ~ 2019 年生产总值和三次产业情况

年份	生产总值（亿元）	第一产业（亿元）	占比（%）	第二产业（亿元）	占比（%）	第三产业（亿元）	占比（%）	人均 GDP（元）
2013	753.74	181.77	24.12	316.85	42.04	255.13	33.85	23957
2014	854.96	193.95	22.69	338.94	39.64	322.07	37.67	26971
2015	944.42	204.37	21.64	381.75	40.42	358.31	37.94	29560
2016	1102.05	220.10	19.97	481.90	43.73	400.05	36.30	34160
2017	1309.82	234.95	17.94	625.01	47.72	449.86	34.35	31875
2018	1214.32	230.72	19.00	501.51	41.30	482.09	39.70	39243
2019	1356.30	279.80	20.63	451.80	33.31	624.70	46.06	40922

资料来源：钦州市统计年鉴。

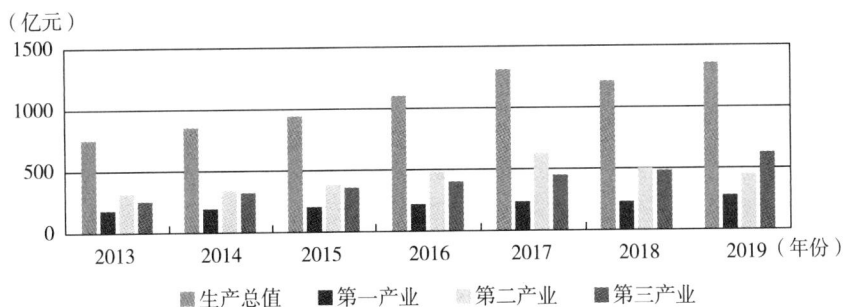

图 3 - 3　钦州市 2013 ~ 2019 年生产总值和三次产业情况

4. 防城港经济结构

防城港近 7 年的地区生产总值连年增长，2018 年、2019 年有回落，并且增长速度缓慢。可见 2019 年防城港面对经济发展有较大的下行压力。2019 年全市 GDP 为 701.23 亿元，较上年增长 5.4%，第一、二、三产业增长幅度分别为 5.1%、5.9%、4.8%。三次产业对经济增长的贡献率分别为 14.3%、52.6%、33.1%。其中以第二产业为主，第三产业持续增长，第一产业占比最少。农业生产增长较快，工业生产、外贸出口、批发业等均小幅度回暖，总体来说防城港市经济持续稳步向好发展。目前其建成全国唯一连接东南亚国家的海陆冷链物流通道，铁路冷链物流成为全国发展示范标杆，成功入选国家首批农产品冷链流通标准化示范试点城市，2020 年政府重点建设东盟（东兴）跨境冷链、东兴农产品物流中心等一批商贸物流项目，同时推动圆通—东盟国际物流枢纽建设。

表 3-4　防城港市 2013～2019 年生产总值和三次产业情况

年份	生产总值（亿元）	第一产业（亿元）	占比（%）	第二产业（亿元）	占比（%）	第三产业（亿元）	占比（%）	人均 GDP（元）
2013	525.15	68.45	13	296.08	56	160.61	31	58810
2014	588.89	70.57	12	340.36	58	177.96	30	65179
2015	620.71	75.49	12	353.00	57	192.23	31	67971
2016	676.04	82.60	12	386.26	57	207.18	31	73188
2017	741.62	89.27	12	421.23	57	231.12	31	79354
2018	696.82	96.87	14	343.82	50	256.12	37	73601
2019	701.23	109.42	16	330.83	47	260.98	37	73163

资料来源：广西壮族自治区统计年鉴、防城港政府网。

（亿元）

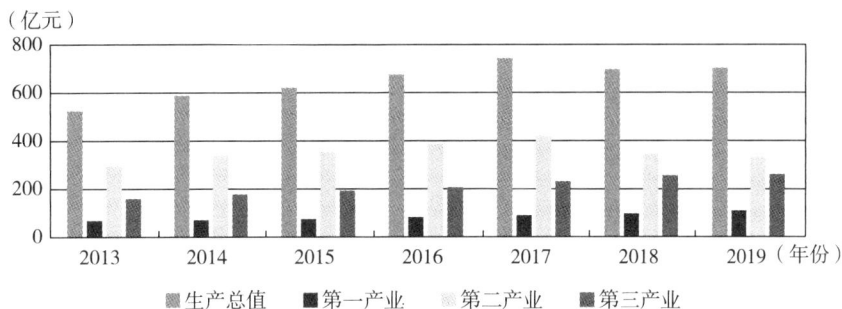

图 3 - 4　防城港市 2013～2019 年生产总值和三次产业情况

5. 玉林经济结构

玉林近 7 年的 GDP 呈稳步增长的态势，发展由第二产业为主转变为第三产业占主导地位，第一产业所占比重较小，三次产业占比由 2013 年的 20.12∶43.48∶37.31 变化到 2019 年的 19.23∶27.94∶52.83，产业结构明显优化。2019 年，玉林 GDP 增长速度比全区高 1.2 个百分点，排在全区第四位。玉林致力于打造"广西壮族自治区文明城市"，服务业平稳增长，行业发展势头良好，增长动能不断增强。

表 3 - 5　玉林市 2013～2019 年生产总值和三次产业情况

年份	生产总值（亿元）	第一产业（亿元）	占比（%）	第二产业（亿元）	占比（%）	第三产业（亿元）	占比（%）	人均GDP（元）
2013	1210.44	243.57	20.12	526.26	43.48	451.61	37.31	21349
2014	1314.52	248.78	18.93	591.66	45.01	501.08	38.12	23780
2015	1445.91	259.14	17.92	635.83	43.97	550.94	38.10	25440
2016	1553.83	278.16	17.90	665.03	42.80	610.64	39.30	27110
2017	1699.54	276.91	16.29	734.14	43.20	688.49	40.51	29387
2018	1615.46	276.44	17.11	557.41	34.5	781.6	48.38	27708
2019	1679.77	323.00	19.23	469.29	27.94	887.48	52.83	28647

资料来源：玉林市统计年鉴。

（亿元）

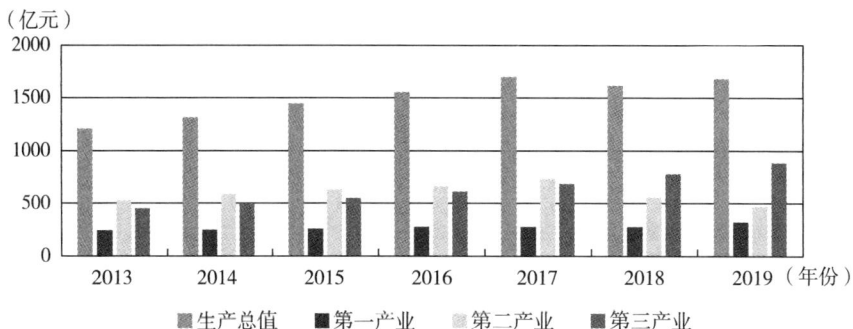

图 3－5　玉林市 2013～2019 年生产总值和三次产业情况

6. 崇左经济结构

崇左的经济处于较快增长状态，崇左市 2019 年生产总值完成 760.46 亿元，比上年增长 8.5%，增速比全区平均水平高 2.5 个百分点。三次产业中第一产业比重明显减少，第三产业占比上升，对地区经济增长贡献率主要以第二产业和第三产业为主。全市工业增加值比上年增长 13.9%，对 GDP 增长贡献率为 31.2%，拉动 GDP 增长 2.7 个百分点。其中规模以上工业增加值增长 15.2%，增速排在全区第 3 位。崇左的传统主导产业之一制糖业增加值比上年增长 32.6%，比上年高 6.9 个百分点，拉动规模以上工业增加值增长 6.6 个百分点，对规模以上工业增加值的贡献率达 43.6%。新培育成长产业以铜冶炼加工为主的有色金属冶炼和压延加工业增加值比上年增长 293.0%，拉动规模以上工业增加值增长 6.4 个百分点，对规模以上工业增加值的贡献率达 41.8%。

表 3－6　崇左市 2013～2019 年生产总值和三次产业情况

年份	生产总值（亿元）	第一产业（亿元）	占比（%）	第二产业（亿元）	占比（%）	第三产业（亿元）	占比（%）	人均GDP（元）
2013	584.63	149.44	25.56	248.24	42.46	186.95	31.98	28886

续表

年份	生产总值 （亿元）	第一产业 （亿元）	占比 （%）	第二产业 （亿元）	占比 （%）	第三产业 （亿元）	占比 （%）	人均 GDP（元）
2014	649.72	147.28	22.67	277.45	42.70	224.99	34.63	31942
2015	682.82	155.06	22.71	274.61	40.22	253.15	37.07	33355
2016	766.20	167.66	21.88	310.69	40.55	287.85	37.57	37161
2017	907.62	181.25	19.97	398.20	43.87	328.17	36.16	43678
2018	693.07	189.09	18.6	450.3	44.3	377.1	37.1	48564
2019	760.46	170.2	13.5	213.7	44.4	376.56	42.1	36129

资料来源：崇左市统计年鉴、广西统计年鉴。

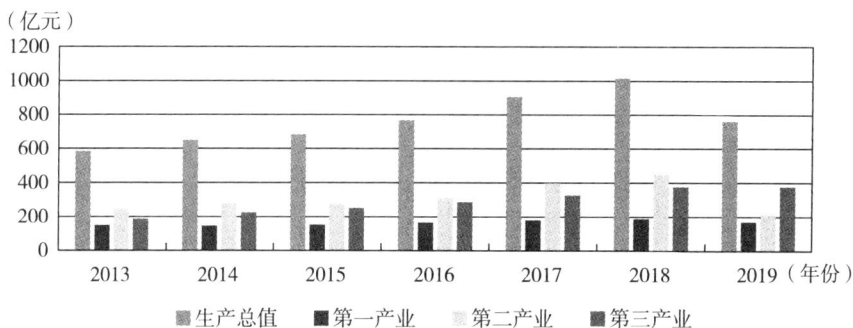

图 3-6　崇左市 2013～2019 年生产总值和三次产业情况

7. 湛江经济结构

通过观察湛江市 2013～2019 年的经济数据发现，湛江市的经济逐年增长，经济体量较大。湛江的经济结构不断优化，第一产业占比相对来说较小，第二产业比重不断减少，第三产业比重较大且呈上升趋势，总体上经济结构进一步优化，现代服务业、金融业、餐饮业等成为第三产业的主导力量。全市近 7 年 GDP 总量稳步增长，经济体量大，在北部湾城市群城市中占优势。湛江是我国东南沿海重要的港口城市和全国性综合交通枢纽，也是我国重要的石化、钢铁产业基地。湛江港是新中国成立后自行设计和建造的第一个现代化港口、国家 12 个主枢纽港之一，拥有 30 万吨级航道，与世界 150 多个国家和地区直接通航全年货物吞吐量突破 3 亿吨，达到 3.02 亿吨，稳居全省第 2 位、北部湾地区首位，湛江临港工业发展迅猛，初步形成临港石化、钢铁、近海油气开发、电力、造纸、农海产品加工、饲料、纺织、电器机械等支柱产业。

表 3-7　湛江市 2013~2019 年生产总值和三次产业情况

年份	生产总值（亿元）	第一产业（亿元）	占比（%）	第二产业（亿元）	占比（%）	第三产业（亿元）	占比（%）	人均 GDP（元）
2013	2060.01	421.44	20.46	814.33	39.53	824.24	40.01	28859
2014	2258.99	429.38	19.01	894.15	39.58	935.46	41.41	31420
2015	2380.02	454.67	19.10	908.06	38.15	1017.29	42.74	32933
2016	2584.43	497.59	19.25	985.88	38.15	1100.97	42.60	35612
2017	2806.88	491.17	17.50	1058.97	37.73	1256.74	44.77	38508
2018	3008.39	533.61	17.7	1086.61	36.1	1388.16	46.1	41107
2019	3064.72	585.24	19.1	1055	34.4	1424.48	46.5	41720

资料来源：湛江市统计年鉴。

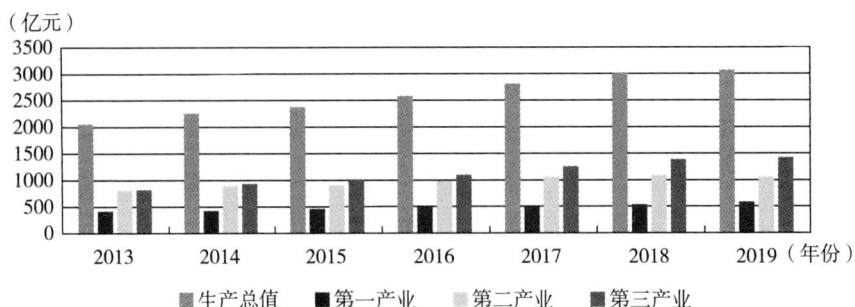

图 3-7　湛江市 2013~2019 年生产总值和三次产业情况

8. 茂名经济结构

茂名的经济连年增长，2019 年全市 GDP 为 3252.34 亿元，总量继续位居粤东西北首位。三次产业发展良好，第一产业保持稳定发展，所占比重最小；第二产业占比呈下降趋势，其所占比重也有所下降；第三产业保持稳定增长，所占比重最大，服务业成为经济发展的主要支撑，产业结构不断优化。近几年，茂名金融业加快发展，化州金融惠民"村村通"荣获全国民生示范工程奖；信息服务业发展势头好，跻身全国"互联网＋"城市百强榜。2019 年创建全国文明城市位居同类城市第一，拉动旅游行业的发展；临港产业蓄势发展，将打造全球最大、成本最低、品种齐全、有定价权的聚丙烯生产基地；2020 年政府将重点打造茂名荔枝之乡的品牌名片，荔枝种植成为茂名乡村振兴的重要产业。

表 3 - 8　茂名市 2013 ~ 2019 年生产总值和三次产业情况

年份	生产总值（亿元）	第一产业（亿元）	占比（%）	第二产业（亿元）	占比（%）	第三产业（亿元）	占比（%）	人均 GDP（元）
2013	2184.02	363.61	17	873.31	40	947.09	43	36063
2014	2363.56	372.75	16	982.11	42	1008.70	43	38951
2015	2462.76	398.05	16	1008.33	41	1056.38	43	40324
2016	2657.71	449.63	17	1068.15	40	1139.93	43	43211
2017	2904.07	470.23	16	1131.24	39	1302.60	45	47116
2018	3092.18	495.32	16	1178.63	38.1	1418.22	45.9	49406
2019	3252.34	581.6	17.9	1124.89	34.6	1545.86	47.5	51119

资料来源：茂名市统计年鉴、统计公报。

9. 阳江经济结构

阳江近 7 年来总体经济呈波动增长趋势，2019 年全市全年实现地区生产

（亿元）

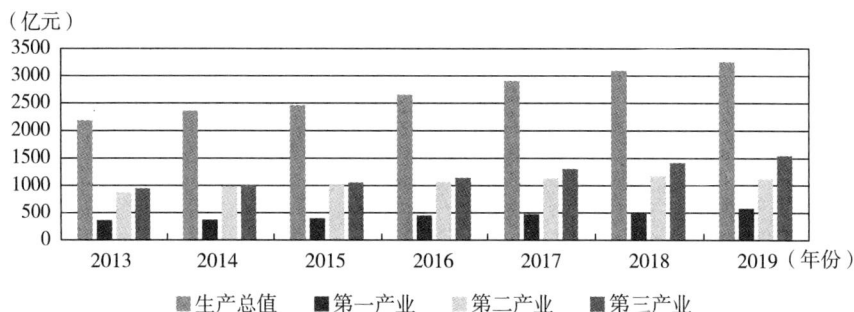

图 3 - 8　茂名市 2013～2019 年生产总值和三次产业情况

总值 1292.18 亿元，全省排名 15 位。第一产业占比 19.1%，第二产业占比
34.5%，第三产业占比 46.4%，其中第一产业保持稳定增长，占比较小；第
二产业相比而言有所下降，占比也呈下降趋势；第三产业呈发展良好态势，所
占比重超过第二产业。2019 年阳江市风电产业链初具规模，同时集中建设合
金材料产业集群，两项主导产业发展势头良好。五金刀剪产业是阳江首个年产
值超 500 亿元的产业集群。阳江"十八子"刀具占据国内 62% 的市场，被誉
为"中国第一刀"，该产业在全国甚至世界都有重要的地位。2020 年阳江市强
调要进一步加强五金刀剪产业的发展，建立良好的品牌名声。

表 3 - 9　阳江市 2013～2019 年生产总值和三次产业情况

年份	生产总值（亿元）	第一产业（亿元）	占比（%）	第二产业（亿元）	占比（%）	第三产业（亿元）	占比（%）	人均GDP（元）
2013	1049.63	183.29	17.46	487.04	46.40	379.30	36.14	42017
2014	1168.55	192.98	16.51	561.27	48.03	414.30	35.45	46938
2015	1250.01	205.33	16.43	564.09	45.13	480.59	38.45	49894
2016	1270.76	219.02	17.24	520.84	40.99	530.90	41.78	50431
2017	1311.45	211.46	16.12	484.50	36.94	615.50	46.93	51720
2018	1167.73	219.98	18.8	389.33	33.4	558.42	47.8	52969
2019	1292.18	247.05	19.1	446.07	34.5	599.07	46.4	50412

资料来源：阳江市统计年鉴。

（亿元）

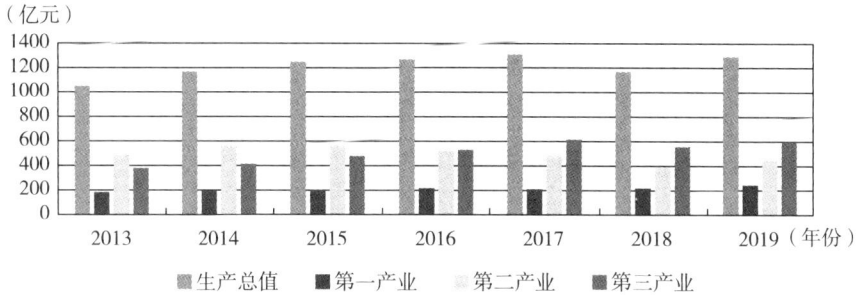

图 3 - 9 阳江市 2013 ~ 2019 年生产总值和三次产业情况

10. 海口经济结构

海口近年的地区生产总值呈增长态势，但海口作为海南省的省会城市，其经济体量却不如同为省会的南宁。2019 年海口全市实现地区生产总值 1671.93 亿元，比上年增长 7.5%。按产业分，第一产业增加值 71.18 亿元，下降 1.4%；第二产业增加值 276.00 亿元，增长 3.6%；第三产业增加值 1324.75 亿元，增长 8.8%。海口的第三产业占比高达 79.2%，第一产业仅占 4.26%，第二产业占比为 16.5%，三大产业占比极不平衡。从生产总值来看，其主要是由第三产业构成，所以第三产业发挥稳定海口经济的作用更显著。2019 年在电力、热力、燃气及水生产和供应以及食品制造业等产业产值方面增幅明显。旅游业是海口的支柱产业之一，2019 年接待国内外游客近 3000 万人次，比上年增长 5.6%，旅游总收入达到 320.61 亿元，未来海口的旅游发展将成为经济增长的重要产业之一。

表 3 - 10 海口市 2013 ~ 2019 年生产总值和三次产业情况

年份	生产总值（亿元）	第一产业（亿元）	占比（%）	第二产业（亿元）	占比（%）	第三产业（亿元）	占比（%）	人均GDP（元）
2013	989.49	55.61	5.62	204.56	20.67	729.32	73.71	41955

续表

年份	生产总值（亿元）	第一产业（亿元）	占比（%）	第二产业（亿元）	占比（%）	第三产业（亿元）	占比（%）	人均GDP（元）
2014	1091.70	57.07	5.23	217.49	19.92	817.15	74.85	46000
2015	1161.96	57.09	4.91	223.67	19.25	881.21	75.84	52501
2016	1257.67	63.91	5.08	233.56	18.57	960.20	76.35	56284
2017	1390.58	62.51	4.50	252.22	18.14	1075.85	77.37	61583
2018	1535.55	63.21	4.11	267.17	17.3	1205.18	78.5	66042
2019	1671.93	71.18	4.26	276	16.5	1324.75	79.2	72218

资料来源：海口市统计年鉴、2019年海口市国民经济和社会发展统计公报。

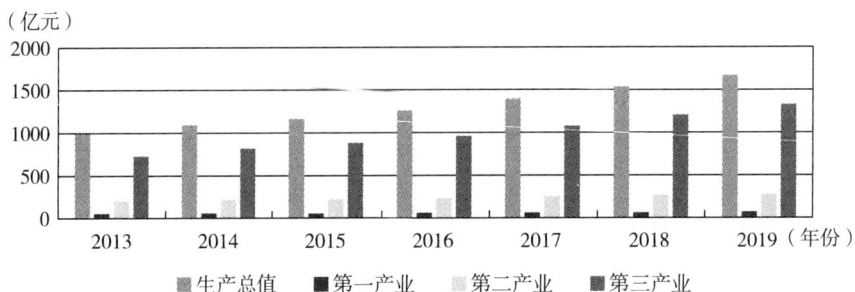

（亿元）

图 3-10　海口市 2013～2019 年生产总值和三次产业情况

11. 儋州经济结构

儋州近年经济运行整体良好，地区生产总值逐年稳步上升，发展势头较好。从三次产业的份额看，从 2013 年的第一产业占大头，逐步转换为 2019 年以第三产业为主，第一产业逐年下降，第二产业基本维稳，第三产业逐步上升，产业结构不断调整优化。三次产业增加值占地区生产总值的比重分别为37.5%、10.6%、51.9%。目前，儋州加快建设重点旅游项目，逐步建成以旅游为龙头的现代服务业体系，2019 年全市累计接待国内外游客近 350 万人次，较上年增长12.2%，旅游总收入超过20亿元，较上年增长17.0%。

表3-11　儋州市2013~2019年生产总值和三次产业情况

年份	生产总值（亿元）	第一产业（亿元）	占比（%）	第二产业（亿元）	占比（%）	第三产业（亿元）	占比（%）	人均GDP（元）
2013	200.89	96.21	50.0	26.18	14.6	78.49	35.4	20400
2014	215.16	99.84	47.0	28.74	13.4	86.58	39.6	22808
2015	231.73	104.23	45.0	29.50	12.7	98.00	42.3	25813
2016	257.78	115.02	44.6	31.43	12.2	111.34	43.2	27885
2017	287.63	119.02	41.4	36.10	12.6	132.51	46.0	31937
2018	322.97	123.58	38.00	42.39	13.00	156.99	49.00	35569
2019	357.64	134.14	37.50	37.94	10.6	185.56	51.9	39301

资料来源：儋州市统计年鉴、2019年儋州市国民经济和社会发展统计公报。

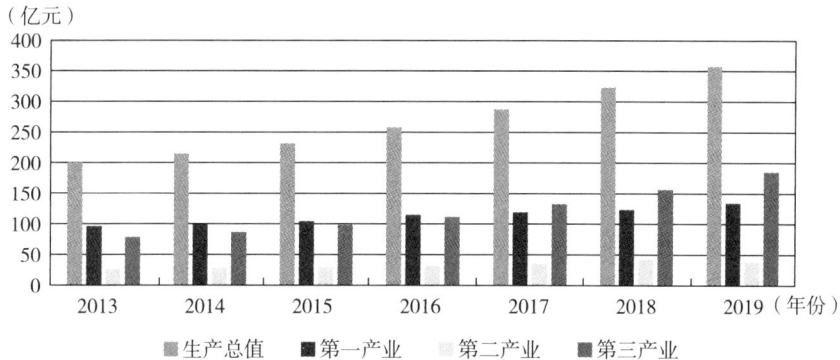

图3-11　儋州市2013~2019年生产总值和三次产业情况

12. 东方市经济结构

2019年，东方全市实现地区生产总值193.08亿元，比上年增长3.2%。其中，第一产业增加值48.45亿元，增长4.9%；第二产业增加值80.16亿元，下降0.3%；第三产业增加值64.46亿元，增长6.7%。三次产业结构调整为

25.1∶41.5∶33.4，第三产业对经济增长的贡献率为67.4%。从近几年三次产业的占比看，东方市的经济主要依靠第二产业，但第二产业的比重总体下降，第一产业和第三产业份额都在小幅度回落之后有所上升。东方市的热带特色高效农业加速发展，品牌影响力不断扩大，产业结构调整取得进展。2020年东方市芒果、火龙果以及橡胶等热带特色高效农业加速发展，品牌影响力不断扩大，产业结构调整取得进展。东方市将积极建设工业园区基础设施，提高工业转型升级速度，同时提高现代服务业发展速度。

表 3－12　东方市 2013～2019 年生产总值和三次产业情况

年份	生产总值（亿元）	第一产业（亿元）	占比（%）	第二产业（亿元）	占比（%）	第三产业（亿元）	占比（%）	人均GDP（元）
2013	119.58	31.65	26	55.85	47	32.08	27	30010
2014	134.50	35.14	26	64.99	48	34.37	26	32360
2015	144.56	37.77	26	68.79	48	38.00	26	34546
2016	148.31	42.96	29	60.55	41	44.80	30	35490
2017	157.06	43.58	27.7	65.72	41.9	47.75	30.4	37014
2018	184.44	43.61	23.60	81.35	44.10	59.49	32.30	41572
2019	193.08	48.45	25.10	80.16	41.50	64.46	33.40	44684

资料来源：海南省统计年鉴、2019 年东方市国民经济和社会发展统计公报。

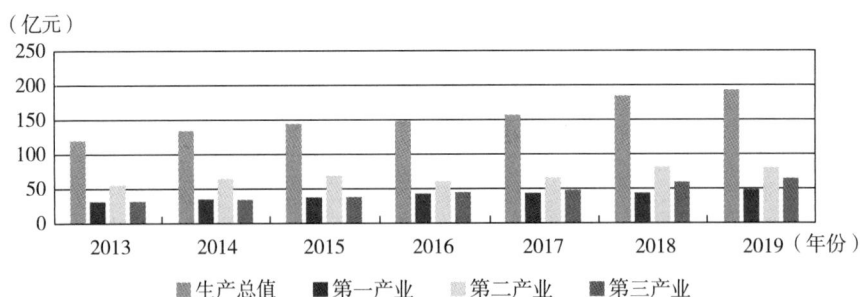

图 3－12　东方市 2013～2019 年生产总值和三次产业情况

13. 澄迈经济结构

近年澄迈经济总体保持较快增长，2019 年全县实现地区生产总值 330.18 亿元，同比增长 8.4%，增速排名全省第二。第一产业总体呈平稳趋势，第二产业大体上呈现缓慢下降的趋势，第三产业呈现明显上升趋势。三次产业结构从 2013 年的 27.18∶46.74∶26.08 调整为 2019 年的 25.9∶26.3∶47.8，产业结构进一步优化。11 个重点产业增加值 162 亿元，占全县 GDP 的 56.1%。园区经济不断壮大，入园企业累计达 2481 家，园区生产总值同比增长 7.8%，占全县 GDP 的 50.8%，经济增长贡献率达 43.7%，互联网产业继续保持全省领先，生态软件园新增企业 1240 家，实现税收 25.62 亿元，同比增长 26.4%。澄迈县紧紧抓住海南建设自由贸易区（港）的重大机遇，坚持稳中求进工作总基调，全力推动经济发展。

表 3-13 澄迈县 2013~2019 年生产总值和三次产业情况

年份	生产总值（亿元）	第一产业（亿元）	占比（%）	第二产业（亿元）	占比（%）	第三产业（亿元）	占比（%）	人均GDP（元）
2013	204.63	55.62	27.18	95.64	46.74	53.37	26.08	42385
2014	226.81	60.88	26.84	107.85	47.55	58.08	25.61	47421
2015	240.49	64.53	26.83	109.20	45.41	66.75	27.76	49904
2016	256.77	73.14	28.48	106.58	41.51	77.05	30.01	52887
2017	288.74	75.01	25.98	114.63	39.70	99.10	34.32	59053
2018	304.68	77.59	25.00	83.07	27.00	144.02	47.00	60810
2019	330.18	85.51	25.9	86.9	26.3	157.76	47.8	66784

资料来源：澄迈县统计年鉴、2018 年澄迈县国民经济和社会发展统计公报。

14. 临高经济结构

2013~2019 年临高经济持续稳步增长，经济总量小，经济发展总体较快。在三大产业中，第一产业比重偏大，占到 60% 以上，第二产业比重不足 10%，

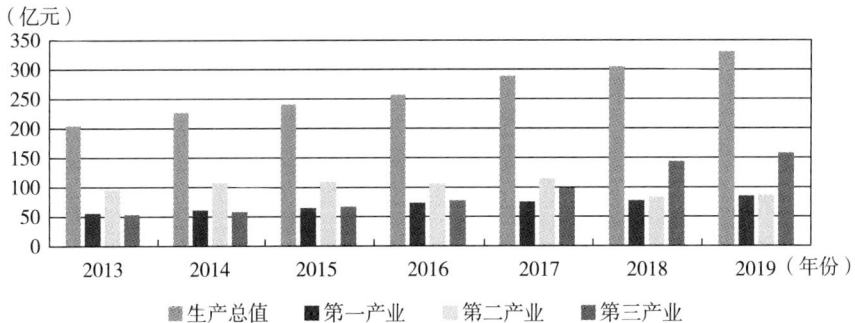

图 3-13 澄迈县 2013~2019 年生产总值和三次产业情况

总体上临高农业基础薄弱，新兴产业发展水平滞后，发展极不均衡。但近年来临高的第一产业份额不断下降，第三产业占比不断上升，产业结构趋于优化，以旅游业为龙头的现代服务业日渐发展壮大。临高是海南省最大的海洋渔业县，2017 年，临高渔业总产量 50.64 万吨，保持海南全省第一。2018 年临高大力发展乡村旅游业，并将旅游与扶贫相结合，旅游接待人数达 86.51 万人次，较上年增长 16.1%。旅游收入 3.9 亿元，较上年增长 13.0%。临高县目前呈现出"速度加快、结构优化、质量提升、后劲增强"的良好态势。

表 3-14 临高县 2013~2019 年生产总值和三次产业情况

年份	生产总值（亿元）	第一产业（亿元）	占比（%）	第二产业（亿元）	占比（%）	第三产业（亿元）	占比（%）	人均GDP（元）
2013	116.76	81.89	70.14	7.46	6.39	27.41	23.48	27720
2014	135.45	95.34	70.39	8.76	6.47	31.35	23.15	30931
2015	144.52	101.34	70.12	9.16	6.34	34.02	23.54	32753
2016	159.98	107.83	67.40	9.92	6.20	42.23	26.40	36012
2017	176.23	112.22	63.68	10.96	6.22	53.05	30.10	39413
2018	183.8	115.99	63.11	13.07	7.11	54.73	29.78	40105
2019	195.4	120.77	60.81	13.57	6.94	61.05	31.25	—

资料来源：临高县统计年鉴、2018 年临高县经济和社会发展统计公报。

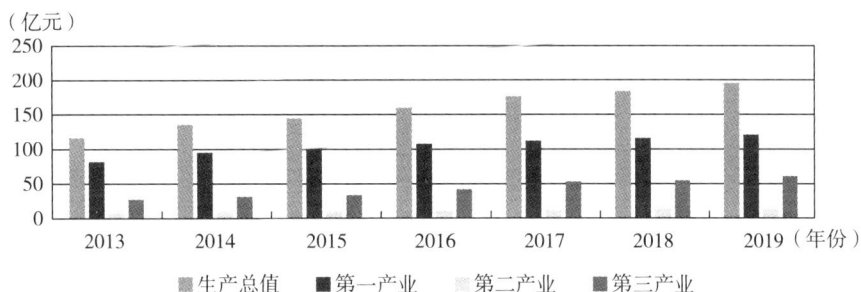

（亿元）

■生产总值　■第一产业　□第二产业　■第三产业

图 3 - 14　临高县 2013 ~ 2019 年生产总值和三次产业情况

15. 昌江经济结构

昌江在北部湾城市群中，经济总量很小，且发展不够稳定，近 7 年全县生产总值总体呈上升趋势，2019 年超过 120 亿元，经济发展主要以第二产业为主，近年逐渐向第三产业倾斜，但第三产业占比增加趋势不明显，总体上产业结构优化。昌江循环经济工业园区是海南省唯一国家级循环经济示范、试点园区。在昌江县政府对其进行规划调整之后，园区大力发展新能源等主导产业，入园企业当前有 22 家。2018 年，园区工业总产值占全县的 98%，达 98 亿元。

表 3 - 15　昌江县 2013 ~ 2019 年生产总值和三次产业情况

年份	生产总值（亿元）	第一产业（亿元）	占比（%）	第二产业（亿元）	占比（%）	第三产业（亿元）	占比（%）	人均 GDP（元）
2013	91.06	20.36	22.90	48.24	58.40	22.47	18.70	40346
2014	94.79	23.26	24.54	46.79	49.36	24.73	26.10	41738
2015	90.19	25.01	27.73	37.70	41.80	27.48	30.47	39478
2016	101.17	28.38	28.00	42.06	41.60	30.74	30.40	44007
2017	114.44	29.34	25.60	50.55	44.20	34.55	30.20	49479
2018	121.01	30.08	24.86	49.96	41.29	40.97	33.86	53882
2019	126.32	32.31	25.58	52.77	41.77	41.23	32.64	—

资料来源：昌江县统计年鉴、2019 年昌江黎族自治县国民经济和社会发展统计公报。

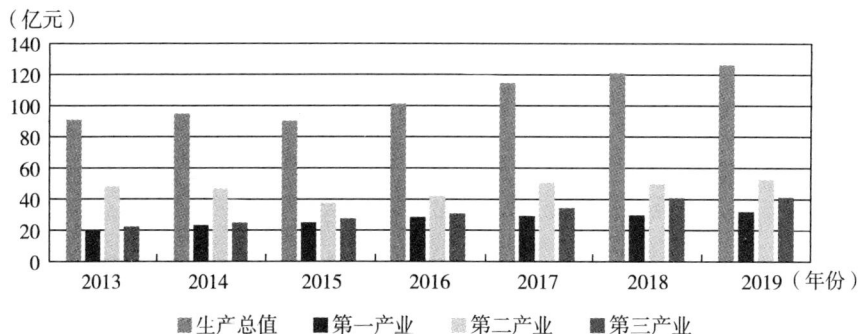

图 3 – 15　昌江县 2013 ~ 2019 年生产总值和三次产业情况

二、经济结构特点分析

根据各地市经济发展数据，对 2013 ~ 2019 年北部湾城市群各县市的 GDP 发展制图表进行比较分析，情况如图 3 – 16 所示。

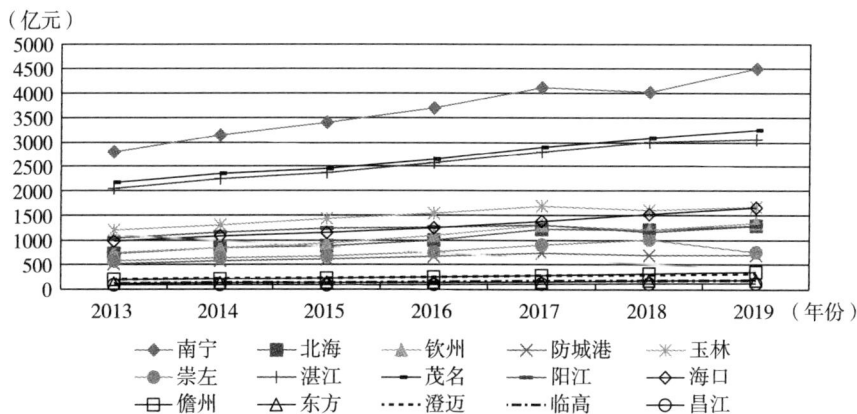

图 3 – 16　北部湾城市群近 7 年 GDP 变化趋势图

资料来源：广西壮族自治区、广东省、海南省统计年鉴。

根据图表分析北部湾城市群各县市的经济结构特点，有以下两个方面：

1. 地区间经济发展不均衡

北部湾城市群的 15 县市中，从经济总量来看，南宁居于首位，茂名、湛江两市跟随其后。茂名与湛江 GDP 总量仍然与南宁存在一定差距，但两者自 2013 年以来的 GDP 一直保持在 2000 亿元以上，2018 年已经突破 3000 亿元，所以这三个城市的经济发展水平可以列为北部湾 15 县市中的第一梯队。经济发展水平可列为第二梯队的有北海、钦州、玉林、阳江、海口、昌江六个城市，这几个城市的 GDP 从 2013 年到 2019 年，一直处于 700 亿~2000 亿元，总体呈上升趋势，发展势态较好。防城港、崇左、儋州、东方、澄迈、临高和昌江七个城市是第三梯队，在 2013~2019 年 7 年间，这几个城市的 GDP 还未突破 1000 亿元，其中东方、临高、昌江 GDP 低于 200 亿元，经济发展水平处于落后阶段。综上所述，三个梯队之间的 GDP 相差很大，其划分梯队的标准线存在 200~3000 亿元的巨大落差，说明各地区之间经济发展水平差异大，发展极不均衡。

北部湾城市群的 15 县市中，从人均来看，防城港居于首位，北海、海口两市跟随其后。三者在 2019 年人均 GDP 都达到了 70000 元以上，所以这三个城市的人均经济发展水平可以列为北部湾 15 县市中的第一梯队。经济发展水平可列为第二梯队的有南宁、茂名、阳江等九个城市，这几个城市的人均 GDP 在 2019 年都达到了 40000 元以上，总体呈上升趋势，发展势态较好。临高、崇左、玉林三个城市是第三梯队，在 2019 年，这几个城市的人均 GDP 还未突破 40000 元。综上所述，三个梯队之间的人均 GDP 相差很大，说明各地区之间经济发展水平差异大，发展不均衡。

2. 产业发展水平区域化较大

在三次产业的占比中，海口、南宁的第三产业占比最大，2013~2019 年保持高于第二产业水平并呈现不断上升趋势，2019 年占比可以达到 65%以上。玉林、儋州第三产业占比于 2019 年突破 50%，第三产业成为推动经济增长的主导性产业。北海、钦州、崇左、湛江、茂名、阳江与澄迈7个城市第三产业占比于7年内呈现不断增长趋势,有望突破50%,而防城港、东方、临高与昌江第三产业占比目前维持在30%~40%阶段,第三产业发展持平稳状态。第二产业比重较大的城市有广西的北海、防城港与崇左、海南的东方与昌江,这几个市县第二产业比重均在40%以上,主要以发展第二产业为主。其中,海口、儋州、临高这三个县市的第二产业占比最少,均维持在20%以下,其他城市2013~2019年中第二产业占比居中,维持在30%左右。第一产业占比主要是临高和儋州最大,均超过30%,海口最小,维持在5%左右,剩下的城市在10%~30%。各地区三次产业占比分布不均匀,说明各县市主导产业各有侧重,区域内发展水平差异化较大。

第二节　各城市产业结构分析

一、各城市主导产业概述

1. 南宁主导产业

目前,南宁主要推进工业转型发展,集中优势资源,发挥集聚效应,做大做强三大重点产业,加快打造五大产业集群。

(1)先进装备制造产业。南宁在该产业方面,发展从中低端向中高端迈进,目前已引进中车、申龙等项目,广西轨道车辆生产区域的空缺得以填补。未来将以邕宁新兴产业园、经开区等平台打造具有特色的装备制造业以及区域性装备制造基地,高端铝产业基地在南南铝材料精深加工项目落地之后得以打造。

（2）电子信息产业。南宁近年来引进的富士康、研祥、丰达电机、弘信等龙头企业数量与技术水平在广西排名首位，同时拥有蓝水星、桂芯等电子信息产业项目，今后发展策略将从"互联网＋""北斗＋"为驱动，着重引进与电子信息产业配套的企业，将南宁打造成区域性电子信息产业基地，促进产业快速发展壮大。

（3）生物医药。近年来，南宁经济开发区引进海王等13个重大产业项目，大力培育生物医药产业集群，以此促进发展。2017年政府政策支持生物医药产业在重点领域内打造品牌优势，以推动产业集聚化发展。

（4）金融业。南宁市不断推进五象新区金融产业建设，重点打造一批现代金融服务与互联网金融基地，引进国内外金融机构与互联网金融企业，加强与东盟商务合作，建设具有区域性的国际金融中心。

2. 北海主导产业

（1）电子信息产业。北海的主导产业之一，经过这些年的培育发展使得产业壮大，从而吸引了很多外来投资。2018年底，惠科电子和京东集团与北海签约，投资建设智能终端生产和京东云（东盟）云计算大数据发展基地。其中，软件和信息服务业呈现出增长势头快、业态新、载体多等特点，2019年实现收入超过150亿元，超过广西总量的50%，产业总量在广西占据十分重要的地位。

（2）石化产业。近年来，北海石化产业链格局初步形成。其以中石化北海炼化为龙头，石油炼制等配套的产业体系，碳三碳四综合利用项目入驻滨州临港高端石化产业园，助推北海石化更进一步发展。

（3）临港新材料产业。龙头企业北海诚德公司同时拥有不锈钢生产三套工艺，国内只此一家，生产规模在行业中排名前三。2017年3月，铁山港临港新材料产业园成立，北海新材料产业开始向园区化、集群化发展。2020年5月，铁山港临港新材料产业园开园，引进一大批"双百双新"项目，填补新材料品种单一的现状，将逐步形成向海发展的临港产业集群。

（4）林纸与木材加工产业。北海市将通过斯道拉恩索企业发挥带头作用，引进配套相关的印刷类企业共同促进林纸产业的结构优化与发展，同时加快建设合浦林纸产业循环经济园区，更好地扩大产业的规模。

（5）食品加工产业。大力推进烘焙、果蔬、海洋食品加工的同时进一步完善食品加工市场的基础配套设施，打造区域品牌效应。目前正在建设北海国际农商冷链产业项目，有助于农商冷链物流产业向规模化与集群化发展。

（6）物流业。龙港新区先后列入北部湾经济区重点开发区域和广西"双核驱动"战略，北海、玉林两市联手实施"一区两园"建设，使得龙港新区开放开发进一步提速，取得了实质性进展。铁山东港现有 2 个 10 万吨和 10 个 5000 吨码头在建，已有多家企业签约进驻铁山，为满足合浦及工业园区的发展需求，有必要建设以食品物流、电子产品物流、机械装备物流、农林产品物流等为主的市域综合性生产服务型物流园区。

3. 钦州主导产业

（1）石化产业。中石化（钦州）产业园是国家级钦州港经济技术开发区的核心组成部分，是国家循环化改造示范试点园区，总规划面积 52 平方公里。钦州石化基地是我国西南地区唯一以"中国石油化工"命名的化工园区。园区以中石油千万吨炼油项目和华谊化工新材料项目为龙头，是广西主要发展的千亿元产业园之一，自 2013 年以来，连年荣膺中国化工园区 20 强。钦州石化产业园是国家级钦州港经济技术开发区的核心组成部分，目前依据"强龙头、补链条、聚集群"的思想，打造多元化的石化产业体系。

（2）装备制造。装备制造产业是钦州的千亿元产业，其重点规划为重型机械装备制造，一直以来钦州都致力于推动其转型升级，力争打造成北部湾重要装备制造业基地。总投资 19 亿元的钦州力顺机械有限公司年产 5 万辆轻型载货汽车改造项目于 2016 年底完工。中船项目总投资 100 亿元，主要布局修船、造船、海洋工程、非船产品制造等板块。2019 年初，钦州接到市内首艘高技术高附加值船舶的建造订单。该订单的完成将让钦州高端海洋装备制造产业的发展更上一个台阶。

（3）能源。中马钦州产业园区是中马两国政府合作建设的国际园区，大力发展新能源汽车战略性新兴产业。园区的科艺项目在 2018 年 8 月研发出了首批适用于不同车型的新能源汽车充电桩产品，并推进市场。

（4）粮油加工。山东鲁花集团有限公司相关的粮油生产加工项目在 2016 年中旬落户钦州港工业园区。中粮油脂广西区钦州工厂建立粮油加工质量分析模型的经验被评为 2018 年度广西工业企业质量标杆。

（5）造纸。钦州林浆纸产业园区规划面积 12.6 平方公里，充分利用广西南部的丰产林资源发展浆纸产业，以此为龙头重点发展液体包装纸、文化用纸、生活用纸、木纤维加工等下游产业。2017 年，钦州的造纸和纸制品业产值 75.33 亿元，增长 18.6%。其中，纸浆（原生浆及废纸浆）产量 51.79 万吨，比上年增长 10.2%，造纸技术提高，资源利用率提升。2018 年东南纸业年产 20 万吨高端纸品项目已经开工。

（6）物流产业。依托港口码头优势，积极融入"一带一路"国家倡议，发展现代物流产业和航运业，建设大型物流基地、商贸基地，打造区域性国际物流枢纽。初步建成祥龙物流园、兆丰物流园等项目，引进三科金属仓储物流中心、创大矿产品加工物流基地、钦州港集装箱办理站、铁集西南金属物流基地等项目，加快发展多式联运、冷链物流、智慧物流等产业。

（7）生物医药。2018 年钦州市政府工作报告中重点提到：建设中马园中国—东盟医药创新与产业化基地项目，目的是打造具有较强聚集功能和辐射功能的高水平、高标准的生物医药技术研发基地，以此带动中马钦州产业园区乃至中国西南部片区生物医药加工贸易产业化的发展。

4. 防城港主导产业

2019 年以来，防城港市重点围绕钢铜铝、旅游康养、冷链物流、生物医药、现代农业、口岸经济、海洋经济等重点领域、重点产业，成功引进一批产业链节点项目，特色产业集群逐渐形成。目前该市注重推动金川、盛隆冶金、大海粮油等传统龙头企业通过技术改造进行转型升级。澳加粮油研发推广智能管理和生产系统，防城港电厂改造实施超低排放。

（1）钢铁产业。钢铜铝产业是防城港工业发展的支柱产业之一。2018 年，有色金属产业和钢铁产业产值分别增速 36.9%、34.9%。柳钢防城港钢铁基地项目是广西工业建设的重点工程，项目总投资 340 亿元，计划 2020 年全部建成投产。在第 11 届中国—东盟博览会期间，防城港成功签约投资额为 14.37 亿元的 60 万吨煤焦油深加工项目，此后又引进了其下游产业项目——防城港市五金铜材卫浴产业园项目，从而拓展、延长铜产业链。

（2）旅游业。防城港市作为国家边境旅游试验区，充分发挥海边山旅游资源优势，积极做好与越南等东盟国家的政策沟通与对接，目前跨境游、边境游已成为防城港市重要旅游品牌。

（3）冷链物流业。防城港市充分利用自身地理与政策优势，先后成功引进桂海国际农产品冷链物流中心、北部湾生鲜农产品冷链基地、中国—东盟水产品交易储备中心、中国—东盟多式联运冷链分拨中心等项目，将自身建设成为中国—东盟冷链物流枢纽基地，培育打造百亿元级乃至千亿元级冷链产业集群。

（4）特色农业。另外还有小藻农业项目——"吃碳吸烟"，是循环经济及废物利用项目典范。2019 年中电防城港电厂和小藻农业科技公司联合举行中电—小藻烟气循环利用养殖项目投运仪式。该项目用于小藻公司海藻养殖、产品干燥、加工等生产环节，在提高电厂能源利用效率的同时，又为小藻生态生产提供了原材料，创造了"农电循环合作新模式"。小藻二期工程正有序建设当中，预计 2020 年完工，该项目年产微藻 1000 吨，每年可有效消耗二氧化碳 2 万吨。

5. 玉林主导产业

在产业上，玉林推进机械制造、陶瓷、健康食品、医药制造、新材料、林产林化、服装皮革、再生资源环保、新型建材等产业作为支柱进行发展。

龙潭产业园是玉林的核心产业园区，是对接"一带一路"和北部湾建设的重要平台，广西重要新能源材料生产，位于园区内落户的电池级硫酸镍生产基地。大健康产业是该市近年来发展较快的支柱产业之一，玉林银丰国际中药港，已发展成为我国南方最大的中药材交易市场。位于兴业县的玉林市新材料生态产业园，目前入园企业已达 120 多家。我区规划发展的先进制造产业集聚之城目前已落户玉林。

三环集团的转型成为玉林市陶瓷业转型发展的一个典范，该集团引进景德镇陶瓷专利技术生产环保透水砖，并且该项目的实施标志着单一用陶瓷向着多元化功能高技术陶瓷的发展。自 2016 年起，玉林就着力打造以陶瓷产业为核心的特色小镇，其中多个转型升级的陶瓷项目已走在国家前列。

6. 崇左主导产业

崇左有"糖矿贸红绿"五大支柱产业。

（1）"糖"即糖业。崇左的糖业发展相对来说已经比较成熟，已形成蔗糖循环经济产业链，是全国发展蔗糖优势的核心区域。2019 年以来，崇左全面推广"订单农业"，加快糖业"二次创业"步伐，促进糖业高质量发展。同时探索设立糖产业发展基金，成立专门平台公司收储糖蜜原料、蔗渣等资源，并通过招商引资引进更多的深加工企业，不断推动糖业循环经济产业发展。

（2）"矿"即矿业。崇左全市的锰矿资源储量居全国首位，锰业已经成为崇左继糖业之后的第二大支柱产业。崇左不仅推动锰业建成更多高端产品产能，更是实现多个锰业项目的投资与建设，中信大锰崇左产业园拥有国内第一条锰酸锂自动化生产线，在产品质量控制、提升和稳定性方面，可视为行业典范。

（3）"贸"即对外贸易。崇左是中国通往东盟最便捷的陆路大通道，中国边境口岸最多的城市。2012～2016年5年间崇左的外贸进出口总额从434.97亿元提高到1230.82亿元。2018年，崇左入围中国贸易百强城市，排行第28位。崇左大力发展商贸服务业，推进凭祥综合保税区等5个自治区级服务业集聚基地的建设的同时，加强中心城区商贸服务项目建设。

（4）"红"即红木产业。崇左的红木产业主要在辖内的凭祥市发展。2018年，红木产业增量提质。红木企业和个体户数量不断增多，分别达到566家、2447家。中国—东盟（凭祥）红木精品首届拍卖会举办成功，进一步提升了"红木凭祥"的品牌影响力。

（5）"绿"即旅游业。崇左基于得天独厚的自然条件，市文化旅游产业提速发展。2018年，著名景点德天跨国瀑布成功提升为国家5A级旅游景区。全年接待游客人次增长39.5%，旅游总消费增长38.9%。崇左市充分发挥其丰富的自然旅游资源，成功引进了港中旅、东方文旅等大型旅游企业，以及洞之家、西坡、大乐之野等知名民宿企业入驻。

7. 湛江主导产业

湛江有三大主导产业，钢铁、石化、造纸。2018年湛江市积极围绕钢铁、石化以及造纸开展产业链招商活动，目的在于培育壮大三大主导产业。德国巴斯夫项目、宝钢湛江钢铁基地、中科炼化3个超百亿美元的重大产业项目的加快建设将带动形成千亿级、几千亿级的产业集群，打造世界级绿色高端沿海临港重化产业基地。

（1）钢铁业。宝钢湛江钢铁有限公司创造了国内大型钢厂从投产到达产、达标、达效、达耗"四达"目标的最快纪录，2017年销售收入336.84亿元，利润总额20.6亿元。

（2）石化业。东海岛石化园区是湛江市石化产业建设的核心园区，吸引中石化等企业相继入驻。

（3）造纸业。近年来，湛江以晨鸣纸业、冠豪高新纸业和中国纸业为主的造纸产业发展迅猛，2016 年全市造纸和纸制品行业实现总产值 200.37 亿元，同比增长 22.3%。

8. 茂名主导产业

茂名有六大主导产业。茂名石化产业发展已有 60 多年的历史，是华南最大的炼油和石油化工基地，被誉为"南方油城"。2019 年中国石化首套 10 万吨/年油浆过滤系统在茂名投入使用，该技术达到国内先进技术水平，填补了中国石化该项技术空白。农副产品加工主要集中在市内的电白区，如今已基本形成以粤西农批为龙头，各乡镇农产品批发市场为骨干，农村电商及农村经纪人为补充的农产品流通网络。茂名的矿产资源种类繁多，带动了本市矿产资源加工产业的发展。通过引导百利华、佳都、新丰源、冠誉等制衣纺织龙头企业，扩大生产和出口，发展特色轻工纺织产业。茂名医疗事业发达，是全国公立医院的综合改革试点县，拥有两家"三甲"医院，医疗综合服务能力位居全省县级第一，每年药品供应规模超 10 亿元。同时是南药种植基地，种植面积达 13 万亩。金属加工制造产业是茂名工业的重要组成部分，在长信不锈钢、兴盈不锈钢、创建铸造等龙头企业的带动下，不锈钢制品、铝制品、铸铁制品等金属制品形成了初具规模的产业集群。茂名自身拥有优越的滨海资源，从而吸引了一大批战略投资项目，2019 年茂名将加快建设博贺深水大港，以大港口带动大产业，打造千亿级临港产业集群，更好地建设海洋经济。

9. 阳江主导产业

阳江主导产业有：合金材料、海上风电、先进制造业、高新技术产业，战略性新兴产业等。当前，阳江正在全力打造千亿级合金材料产业集群和世界级风电产业基地，并且阳江风电产业初步建设了全产业链生态体系，目前发展呈良好态势。2017 年，阳江先进制造业增加值增长 17.5%，规模以上工业增加值的比重为 18.5%。五金刀剪产业是阳江支柱产业之一，目前已经形成产业链完整、产品品类丰富的规模化特色产业集群，未来将把重点放在转型升级、产品创新等方面。

10. 海口主导产业

海口将互联网产业、医药产业、热带高效农业、低碳制造、高新技术产业、海洋产业、战略性新兴产业等十二个产业列为重点产业。现代金融业是全市十二大重点产业 GDP 占比唯一超过 10% 的产业。2019 年海南前三季度，互联网业增加值增长 19.0%、旅游产业增长 10.1%、现代物流业增长 11.3%、医疗健康产业增长 10.4%、海洋产业（含油气）增长 5.7%、体育产业增长 26.1%。海口目前重点发展"一区三业"，即海南自贸区（港）区块链试验区、数字文体产业、数字金融产业、数字健康产业，致力于打造数字贸易策源地、数字金融创新地、中高端人才聚集地，培育和发展千亿级数字产业集群。

11. 儋州主导产业

儋州的主导产业：热带特色高效农业、旅游业、现代服务业、高新技术产业。除此之外，儋州市政府根据儋州自然资源与经济发展实际，提出产业发展新思路，即发展新型工业和海洋产业、互联网信息产业与现代商贸物流业等。其中，儋州通过积极培育地方特色旅游产品的方式来推动旅游产业发展。热带特色高效农业领域渐成投资热点，儋州在 2018 年投资 191 亿元建热带高效农业产业方阵。在"政府＋企业"运营模式下，加快创建热带特色高效农业示范市，促进农业生产向着区域化、规模化的方向发展，以便更好地促进传统农业的转型升级。在工业方面，承接洋浦重化工产业项目，积极发展配套下游产业，使新型工业成为引领经济发展新的增长点。在发展海洋产业方面，将儋州建设成为西部南海地区中转港口，提升现代海洋服务业务发展水平。在互联网信息产业方面，引导互联网企业在大城区和滨海新区建设一批具有较强专业服务能力的互联网创业平台，围绕互联网信息产业基地，推进产业融合发展，优化产业投融资体系和创业服务体系，打造省内领先的互联网创新创业环境，培育壮大本土企业。

12. 东方主导产业

东方以天然气化工、石油精细化工、商贸旅游、热带高效农业等为主导产业发展。

2018 年累计投入热带高效产业扶持资金 1.15 亿元，用于打造特色农业产业基地，发展火龙果等特色产业项目 57 个。除了火龙果，东方重点打造的"十大农业知名品牌"还包括东方菊花、东方甜玉米、东方凤梨、东方绿萝、东方黑山羊、东方铁甲鱼等。特色高效农业是东方市近年来重点发展的一大支柱产业。政府不断调整农业产业结构，加大特色农业产业发展力度，调减甘蔗等低质低效产业，大力发展特色高效农业，目前东方已成为全国最大的冬季菊花出口基地和黄花梨种植基地、全省最大的红心火龙果、甜玉米和绿萝生产基地。

东方还是海南省重要的能源基地和重化工业基地。2019 年东方引进众多工业项目从而弥补产业发展缺陷，进一步调整优化产业结构。因海南自由贸易试验区和中国特色自由贸易港建设加快，东方工业园区充分利用北部湾和南海海域丰富的优势资源，以油气化工、南海资源开发配套装备制造及服务为主导重点打造临港产业园。

13. 澄迈主导产业

澄迈主要以第二产业作为主导产业，包括石油加工业、石油和天然气开采业、农副产品加工业、非金属矿物质加工业、化学制品制造业、电力、热力生产和供应业、燃气生产和供应业等产业。近年来，澄迈县不断调整优化产业结构，深入贯彻新发展理念，2019 全县 11 个重点产业实现增加值 210.8 亿元，占全县 GDP 的 63.8%。新增特色产业基地 103 个。2020 年以区块链、竞技游戏、智力运动和腾讯为代表的一大批企业入驻海南生态软件园，使之形成具有竞争力的产业集群，又因为海南生态软件园结合海南自贸区、自贸港发展定位，以新一代信息技术特别是区块链技术为主导，创建海南自贸港区块链试验区，目前重点发展数字文体、数字健康和数字服务等业态，培育和发展千亿元级数字产业。

14. 临高主导产业

主要是以热带高效农业为主，船舶和海洋工程装备制造、游艇和旅游装备制造等产业也是临高县的重点产业。近年产业结构不断优化，美丽乡村和文化旅游建设成为海南旅游业发展规划的重要板块，也是临高县重点关注和支持的重要产业之一，所以主导产业又增加了旅游业。因富力集团进驻临高，使得临高在拥有其独特的民俗文化与优势资源时，以合作的新形式更好地带动乡村振兴，推动了临高旅游业和现代生态农业等产业的结合发展。

15. 昌江主导产业

昌江县的主导产业有三个：新能源产业、农产品加工、建材家居。近年来，昌江培育出一批特色旅游产品，获批国家矿石山公园、国家湿地公园试点，旅游业稳步发展。在新能源方面，创建清洁能源产业园，还将培育综合性清洁能源产业集群，大力发展以核电为主导的清洁能源产业。海南昌江核电项目为投资规模达到百亿级的项目，运营后将再次改善和优化海南的能源结构。

二、产业特征分析

北部湾各城市主要产业的比较分析如表3-16所示。

分析北部湾城市群的产业特征，有以下几点：

1. 主导产业区域同质化发展趋势明显

根据产业出现次数的统计结果可知，出现频率最高的产业有：石化、装备制造、医药、能源、旅游、农副产品加工、高新技术产业、热带高效农业。说

表 3 – 16　北部湾各城市主要产业分布情况

	南宁	北海	钦州	防城港	玉林	崇左	湛江	茂名	阳江	海口	儋州	东方	澄迈	临高	昌江	统计次数
电子信息	√	√														2
装备制造	√		√	√				√						√		5
医药	√		√		√					√						4
石化		√	√	√			√	√				√				6
临港新材料		√														1
能源			√	√											√	3
食品加工		√														1
物流业		√	√	√												3
粮油加工			√													1
造纸		√	√				√									3
钢铁				√			√									2
有色金属				√												1
食品				√												1
机械制造					√											1
健康食品					√											1
新材料					√											1
服装皮革					√											1
再生资源环保					√											1
林产林化					√											1
新型建材					√											1
陶瓷					√											1
糖业						√										1
矿业						√										1
对外贸易						√										1
红木业						√										1
旅游业				√		√					√	√				4
农副产业加工								√					√		√	3
矿产资源加工								√					√			2
特色轻工纺织								√								1

	南宁	北海	钦州	防城港	玉林	崇左	湛江	茂名	阳江	海口	儋州	东方	澄迈	临高	昌江	统计次数
医药与健康							√									1
金属加工							√									1
合金材料								√								1
海上风电								√						√		2
热带高效农业										√	√	√		√		4
互联网产业										√						1
低碳制造										√						1
海洋产业										√						1
高新技术产业									√	√	√					3
金融业	√									√						2
现代服务业											√					1
天然气化工												√				1
石油加工													√			1
石油和天然气开采													√			1
化学品制造业													√			1
战略性新兴产业									√	√						2
电力、热力、燃气生产和供应													√			1
农业综合开发光伏发电														√		1
建材家居															√	1

明北部湾城市群经济发展推动力较为统一，产业结构仍然有待优化，产业间的竞争力较大。其中，石化、装备制造、能源这三大产业主要集中在广西区，分布在南宁、钦州、北海与防城港等几个城市；旅游、农副产品加工、热带高效农业主要集中在海南省的县市。虽然产业集中会不可避免地存在恶性竞争问题，但只要区域内部规划协调好，在一定程度上则有利于发挥产业集聚优势，

发展区域产业。

2. 产业发展结构较繁杂，层次较低

在城市群中，各个城市的主导产业都达到三个以上。在表 3 – 16 中，一共统计了北部湾城市群 48 个城市主导产业（细分产业归入大类统计）。其中，只有 14 个是两个以上城市将其作为主导产业发展，其余的都只是单个城市重点发展，各县市的主导产业结构较繁杂，并且产业的特点都比较接近。这些产业在该城市主导产业中数量占比较高，但大多产业发展层次不高，没有世界知名的企业和品牌，难以建立专业化的产业集群效应。城市主导产业数量多，虽有利于降低城市经济发展风险，但过多产业同时发展会造成城市有限的资源被大量消耗，且难以突出城市自身的产业优势，不利于经济集中较快发展。

第三节　各城市发展难点

一、各城市发展难点概述

1. 南宁发展难点

（1）产业结构存在短板。一直以来，南宁的工业发展处于较低水平，是其经济发展的短板。近年来，虽然南宁一直致力于补齐第二产业发展短板，实施"工业强市"战略后重点抓重大工业项目的建设、工业扶持力度以及工业项目的融资以保障工业的发展，但第二产业占比连年下降，所以现如今还未能完全达成预期效果。近年来，南宁的第三产业发展迅猛，2019 年增加值接近3000 亿元，所占比重超过 65%，对地区经济增长的贡献率高达 67.4%。这也将给南宁发展工业，补齐短板带来更大压力。

（2）经济体量不够大，无法带动区内城市。南宁是广西的省会，但与其他省份省会相比，南宁的经济首位度不高，2019 年南宁地区 GDP 增速较同比增加 5%，这与其他省会城市的发展速度相距甚远。南宁市本身的自然资源缺乏，经济主要是依靠政治资源来带动发展。虽然作为中国—东盟经济圈的交汇点，区位条件突出，但仍没有形成强有力的经济辐射能力，在产业上，没有本市特色产业。相比于区内柳州的重工业与桂林的特色旅游业等几个具有特色产业城市已具有一定的特色产业影响力，目前南宁自身产业发展还不具备带动区内城市发展的能力。

2. 北海发展难点

（1）主导产业发展面临问题。北海的主导产业包括石化、临港新材料和电子信息等。但近年来，湛江、茂名、海南以及钦州等北海周边城市石化产业发展迅猛，导致了北海石化产业发展生存的危机，石化产业下游仅有和源石化和新鑫能源两家企业，缺少精细化工项目。临港新材料产业发展虽然迅速，但其在产业链延伸、规划用地、配套设施建设、贸易物流、环境保护和人才储备等方面，发展还不够完善，产业发展受到制约。电子信息产业发展方向分散且自身产业链不完善，基础设施配套不完善，对于新兴信息技术产业方面项目较缺乏，对经济发展支撑力不足。

（2）交通基础设施开发还不够完善。2017 年，北海公路和水路货运量分别为 6074 万吨和 905 万吨，客运量分别为 1958 万、355 万人次，客货运周转量分别为 101.19 亿吨千米、106.02 亿吨千米；民用航空客运量、货邮运量分别为 171 万人、5511 吨；全年港口完成货物吞吐量 3168.79 万吨。从这些数据可以看出，北海的海陆空交通需求量大。

但是，在航空方面，北海与国内主要投资来源地区的航班方面安排不够科学合理；在铁路方面，北海至湛江高铁是一个重大战略动脉，可使北海从盲肠变通道，但还未建设；在海运方面，没有合理利用铁山港这一开放口岸条件。

所以北海目前的任务是要建立起发达的海陆空交通网络，使地区经济的发展更上一层楼。

3. 钦州发展难点

钦州的发展难点在于投资后劲不足，吸引外资能力下降。钦州在 2017 年的固定资产投资额为 1088.85 亿元，虽比上年增长了 14.5%，但观察近 5 年的增长率发展变化，呈下降趋势。从投资主体看，港澳台商的投资下降了 52.4%，个体经营的投资下降了 49.2%。此外，用于更新改造的投资 276.84 亿元，下降了 6.7%。同时因为新投产的工业企业较少、规模小，对工业增加值贡献有限，导致其工业增长逐月回落，工业增长后劲不足，企业效益下滑，支柱行业也面临亏损问题。钦州服务业发展仍然处于滞后阶段，第三产业中传统服务业占比大于现代服务业，新兴力量发展不足。

4. 防城港发展难点

（1）投资资金匮乏，难以支撑经济发展。防城港经济以第二产业发展为主，对 GDP 增长贡献率在 50% 以上。2019 年，防城港对工业的固定资产投资额比上年增长 8%。目前，防城港工业有很多项目都处于投资建设阶段，需要资金投入，投资基数过小，能分配到具体产业上的资金更少。投资力度不够，发展后劲不足。除了制糖、水泥制造、木材加工业等少数行业外，其余行业所需原材料、产品、技术等需要从市外或国外引进，工业经营成本高、效率低，收益较差。

（2）经济体量小，增长趋缓。防城港的 GDP 总量在北部湾城市群广西 6 个城市中，排名末位，地区生产总值从 2013 年的 525.15 亿元上升到 2019 年的 701.21 亿元，7 年增长 175.06 亿元，增长速度从 12.4% 下降到 0.63%，经济发展速度缓慢，发展动力缺乏。

5. 玉林发展难点

（1）产业结构不合理，需要优化升级。玉林在发展传统的机械制造、服装皮革、健康食品、新型建材、陶瓷、林产林化等产业的同时，加快发展新材料新能源、节能环保再生资源、医药制造、新一代电子信息等战略性新兴产业，并将这些产业提升到地区主导产业高度。重点产业众多，产业发展处于中低端，没有形成较为完整成熟的相关产业体系。同时资源有限，地区产业发展不平衡不充分，不能促进产业优化升级。

（2）经济稳定增长基础不牢固。玉林受国内外经济形势和国家宏观政策影响较大，国内外市场需求不足，经济基础不足够支撑机械、水泥陶瓷等主导产业的发展。并且缺乏支柱产业项目的支撑，玉林本市的能源资源较为匮乏，又因为缺少国家层面基础设施以及重大产业园区的布局，导致基础设施建设不完善，产业竞争力不强，缺乏发展后劲。

（3）受土地要素制约。玉林市的土地、资金、环境容量与节能减排等方面制约项目建设的问题日益突出，项目建设用地供求矛盾仍然突出，有待解决。

6. 崇左发展难点

产业结构处于"断层"期。一直以来，崇左主要发展"糖矿贸红绿"五大主导产业，在产业结构上，第二、第三产业占比基本持平。近年来，崇左对本市传统产业进行深度调整，着力培养战略性新兴产业，推动产业优化升级。引进新的发展产业项目，需要相应的发展环境和配套设施。但一直以来，崇左的产业配套设施基础处于不完善阶段，经济发展环境也需要不断优化。在这种情况下，传统产业的转变和新产业的引进发展接不上，产业结构调整出现较大问题。崇左市内各县市经济发展不均衡，GDP 差距较大，城镇化程度不高，缺乏高速公路，是广西目前仅有的两个还未通高铁的城市之一，交通设施不完善严重阻碍了经济的发展。

7. 湛江发展难点

湛江经济发展基础设施薄弱，创新能力不强。2019 年，湛江用于建设基础设施的投资占固定资产投资的比重为27.1%。而用于高技术产业（制造业）的投资下降55.3%，仅占固定资产投资比重的0.2%。且全市研发投入占GDP的比例偏低，全市高新企业数量偏少。作为沿海城市，湛江市的港口物流基础设施薄弱、港口装备参差不齐。港区的装备水平相当于发达国家六七十年代的水平，港口物流设施和装备的标准化程度较低，各种运输方式之间装备标准不统一。

8. 茂名发展难点

生态环境恶化导致压力大。中国的第二大露天矿坑落于茂名的茂南区，生态环境恶化的原因是之前的大规模开采，后来又被当作垃圾填埋场。近年来，茂名发展对环境污染较大的石油化工产业。当前，茂名处于经济发展的转型期，经济的大力发展不可避免地对环境造成了破坏。茂名市的工业经过近40年的发展，已成为中南重化工业基地，工业的发展有了一定的基础。但地方工业存在着产业发展不协调、资源优势未能充分发挥且主导产业、支柱产业未形成，企业集约化程度低和专业化协作差等情况。

9. 阳江发展难点

（1）没有形成专门的优势产业市场。阳江的五金刀剪产业在全国和世界都有举足轻重的地位。但是，阳江却没有像温州的纽扣市场、义乌的小商品市场一样，建立五金刀剪专业市场。且五金刀剪产业集群内部竞争激烈，技术创新不足，又遭遇技术性贸易壁垒，逐步丧失了价格竞争优势。

（2）环保形势不容乐观。近年来，阳江的空气和水环境呈恶化趋势，对经济发展所造成的污染管理和监管不到位，企业和个人的环保意识尚待加强。

10. 海口发展难点

（1）实体经济发展困难。一直以来，海口的GDP总量有70%以上来自第三产业，主要来自房地产业，海口也一直在大力支持房地产业的发展。2019年固定资产投资比上年下降15.4%，其中房地产投资下降21.1%，房地产与非房地产项目结构比由 46.4∶53.6 调整为 43.3∶56.7，投资结构不断优化。分产业来看，第一产业投资下降 45.9%，第二产业投资增长 11.2%，第三产业投资下降 17.4%。实体经济主要是第二产业，从海口对三大产业的侧重看，其主要偏向第三产业，所以海口的实体经济发展面临着很大的困难。

（2）旅游产业经济基础薄弱。旅游业作为支柱产业的直接效益尚未凸显，海口各个地区发展也不平衡，旅游地经济的贡献小，且产业带动作用不突出。在旅游企业经营管理体制与旅游产品开发方面仍然存在问题。又因为缺乏市县旅游规划的基础，投资少、见效快的低水平重复建设项目的不断出现，造成资源的严重浪费和市场的恶性竞争。

（3）交通问题成瓶颈。海南是东南亚直线航空距离中心，但国际航班少，国际旅游的可进入性差。航线对开拓国际旅游市场形成了严重制约。加之海底隧道尚未建设，海上交通受自然天气因素影响大，交通问题已成为制约海南旅游转型升级和发展的主要因素。

11. 儋州发展难点

经济发展总量小，发展落后。在北部湾城市群中，儋州是一个城市，但其GDP 总值与澄迈县相当，在产业结构上，主要依赖第一产业和第三产业。第一产业以发展热带产业为主，但没有发展建设相关的产业体系，产品附加值低，没有对地区经济的发展产生强有力的推动作用。第三产业主要依赖房地产业和旅游业，但发展也不够好。总体上没有较强的优势产业，经济产业发展较小，城市的综合竞争水平也低。

12. 东方发展难点

产业发展不充分。东方市拥有众多良好的旅游景点项目，热带高效农产品种类多，发展好。但其没有利用好自身产业资源，未形成热带高效农业产业链，打造地区旅游业和热带高效农业王牌，优化推动产业升级。并且没能充分开发推进地区旅游业发展，旅游业发展配套产业链相对滞后，短期内难以吸引大量外来游客进行旅游消费。实体市场消费受网络消费挤兑，市民消费习惯的转变导致社会消费零售总额外流，而本地的电商正处于起步阶段，不成规模也不够规范，且本地产品宣传力度不够，在整个大的网络电商环境中竞争能力不强，从而制约相关商品、住宿、餐饮等行业的消费增长。

13. 澄迈发展难点

经济发展缺乏推动力。澄迈发展以第二产业为主，但发展处于低端，科技含量低，竞争力不强。全市共有十一个重点产业，但发展程度不高，没有强势产业可领头来带动城市经济发展。房地产业是澄迈经济发展的重点行业，但存在一定的泡沫经济风险，难以为继。传统行业占比下降对于工业发展中制约因素依旧存在，新增优质企业对于工业整体拉动作用有限，经济受房地产开发投资拉动作用减弱，房地产投资后劲不足导致市场需求不足，工业基础增长仍然需要进一步加强。

14. 临高发展难点

经济体量小，经济发展后推力不强。临高以农业发展为主，但农业产业结构调整存在着盲目性、跟风性及简单化的倾向，致使一些农产品出现积压卖难现象。且市场信息与技术服务方面相对落后，影响农业的结构调整进程。工业发展对 GDP 的贡献率不足 10%，缺乏拉动地区经济发展的优势产业。

15. 昌江发展难点

缺乏经济发展所需的配套设施，经济发展困难。昌江旅游资源丰富，自然人文资源齐全，地区工业发展基础较好。但是农业基础设施仍较薄弱，农业生态环境存在污染问题，又因为信息技术方面受限，加大了农产品生产成本。昌江经济发展水平低下，财政资金基数不大，固定资产投资不断下降，建设发展旅游业和工业的配套基础设施存在困难，经济也难以发展。受金融危机的影响，外需减缓，钢铁行业限产，对铁矿石的需求减少，导致铁矿石价格持续下降，铁矿采选业这一支柱行业发展受到较大影响。

二、主要原因分析

1. 缺乏统一协调规划

北部湾城市群各个城市几乎都面临着产业结构不合理的难题，表现在产业结构较单一，主要以第二产业为主。区域产业同质化发展现象严重，各自为战。各个地市的主导产业数量繁多，产业发展不平衡，又缺乏有效抓手，没有形成特色产业，虽然有一定的产值，但与国内先进水平相比，还存在较大差距，层次普遍不高。这些问题产生的主要原因是北部湾城市群的发展缺乏统一协调规划，没有针对城市发展特点来划定发展方向范围，地区产业发展很难做到提质扩量、优化升级。

2. 忽视生态环境保护

多年来，各城市在大力开展经济建设的同时，不可避免地造成环境恶化，自然资源消耗，环境和资源风险持续上升。导致产业转型升级面临着生态环境限制难题，降低了可持续发展能力。

3. 交通建设不完善

北部湾城市群相较于国内发达城市群，对于交通运输的基础设施建设仍然有待加强。广西区内交通基础设施建设不够完善，不能起到带动经济发展的作用，从而影响区内经济发展。广东三市对比广东省内其他城市发展较为落后，湛江的沿海优势尚未完全开发，港口运输的基础较为薄弱。海南省内各县市交通建设均不完善，尤其作为海岛受到海上交通的制约较大，海底通道至今未能建设。

三、解决思路

1. 推动产业结构的多元化和转型升级

北部湾城市群各县市要抓住生态文明建设和北部湾城市群规划政策出台带

来的新机遇，推动产业结构的多元化和转型升级，培育强有力的地区特色支柱产业。

2. 绿色金融带动经济与环境协同发展

生态环境的良好发展是支持经济社会长久发展的先决条件，也是最公平的公共产品和最普惠的民生福祉。若要破解产业转型升级和可持续发展难题，绿色金融是行之有效的主要抓手。

3. 重视经济基础设施的建设

北部湾城市群想要建立起综合实力强的城市经济圈则需要重视城市群内各县市的产业基础设施建设，完善各市与自身主导产业发展相关的基础配套设备，形成完善的产业链，增加产品的附加值，从而推动自身经济发展。

第四节　小结

北部湾城市群地区间经济发展水平不均衡，15 个城市可分为三个梯队，第一梯队和第二梯队之间的差异在 2.6 倍左右，第二梯队和第三梯队的差异在 6.6 倍左右，产业发展水平区域差异较大。区域城市之间产业同质化发展现象明显，产业发展结构较单一，产业繁杂，层次较低。问题产生的主要原因是缺乏统一协调规划，忽视生态环境保护与交通设施建设。主要解决思路为：推动产业结构的多元化和转型升级，重视经济基础设施建设，通过绿色金融带动经济与环境协同发展。

第四章 北部湾城市群绿色金融发展现状

第一节 广西壮族自治区绿色金融发展概况

2017年广西农信社积极探索建立符合自身实际的绿色信贷长效机制，不断完善绿色信贷政策和工作措施，不断加大对绿色、低碳、循环经济的支持力度，全力推进山清水秀生态美建设，累计发放美丽广西清洁乡村贷款33.38亿元，涉及绿色环保贷款余额350亿元，美丽广西清洁乡村贷款余额102亿元，为广西经济转型升级和低碳经济发展及生态环境建设做出了重要贡献。同时对于广西重点产业——制糖业提供绿色信贷支持，创新抵押贷款方式解决制糖企业融资难的问题，为制糖业的延伸产业链发展做出了贡献，积极给蔗农发放贷款以提高生产积极性，全力保障制糖业的发展。除此之外对于广西林业发展也做出贡献，仅2016年就累放林业贷款137亿元，年末林业贷款余额317亿元，比年初增加58亿元，支持人工造林80多万亩。

兴业银行是我国第一家采纳《赤道原则》的银行，首先在我国绿色金融领域进行开拓，且取得了较好的经济效益和社会效益。兴业银行广西南宁分行坚持把绿色金融服务八桂实体经济转型作为战略核心业务重点打造，于2014年成立环境金融中心，2017年升级环境金融中心，成为广西同业率先成立绿色金融一级部门的金融机构，同时在多个银行业务方面引导拓展绿色金融业务品种，积极为绿色金融业务助力发展。该行针对广西实际情况，提出了加快构建广西绿色金融体系、建立绿色"一带一路"发展机制等行内绿色金融发展建议，并在建议中提到要争取将南宁五象新区和柳州柳东新区申报成为国家绿色金融改革创新试验区。此外，该行还综合运用产业基金、信托贷款、项目贷款、非标准债权投资等多元化融资工具，助力南宁轨道交通、南宁快速公交BRT二号线、阳朔公交场站等项目建设，为南宁轨道交通集团公司提供绿色融资超过30亿元，通过绿色金融全方位支持南宁市绿色交通建设，助力广大市民绿色出行。截至2019年6月30日，兴业银行南宁分行绿色金融业务融资余额147.97亿元，绿色金融客户数达到208户，涉及基础设施建设、节能减排、资源循环利用等多个领域，为自治区打好污染防治攻坚战，构建绿色、低碳、环保的发展模式，实现绿色高质量发展做出了积极贡献。

兴业银行北海分行进驻北海7年以来，不断支持并发展绿色金融，主动服务地方实体经济，通过向绿色金融客户发放绿色信贷融资，截至2018年6月末，已为北海涠洲岛旅游发展有限公司、北部湾旅游股份有限公司等10余户涉及绿色融资的客户提供融资授信额超过30亿元。2019年6月14日，兴业银行北海分行与北海北控环境科技发展有限公司举行北海市生活垃圾焚烧发电PPP项目融资合作签约仪式，将为北海市生活垃圾焚烧发电PPP项目一期提供绿色金融融资5亿元。

中国邮政储蓄银行广西壮族自治区分行近年来以绿色金融为导向，积极优化信贷结构，创新金融产品，将信贷利好政策投向环保产业和项目，助推区域绿色经济高质量发展。该分行通过绿色金融体系的构建和绿色信贷结构的优化，还有对金融服务的创新，重点支持绿色交通运输、可再生能源、清洁能源等绿色产业。除此之外，该分行在民生金融、科技金融、消费贷款、绿色债券、绿色发展基金等领域也有所发展，将资金投入到文化创意、绿色装备制造、绿色建筑、绿色贸易、绿色农业与绿色林业等项目上，推动绿色经济健康发展。

除了上述金融机构在积极发展广西本土绿色金融之外，其他金融机构也在做努力和探索。2019 年 2 月，桂林银行成功投放广西首笔绿色金融债业务，授信额度为 2000 万元。2019 年农行玉林分行坚持绿色发展理念，大力发展绿色金融，先后发放风电项目贷款共 7.79 亿元。

2019 年 11 月，广西专门印发了《广西壮族自治区绿色金融改革创新实施方案》，明确提出"鼓励各设区市创建绿色金融改革创新示范区"等工作任务。2019 年 5 月 25 日，南宁、柳州、桂林、贺州 4 个区市确定为广西首批绿色金融改革创新示范区创建城市，标志着广西绿色金融改革创新迈出关键性的一步。

2020 年 1 月"一带一路"建设带来国际产能合作新机遇，沿线大量的绿色基础设施建设、清洁能源领域投资需求，都将成为绿色金融发展的重要契机。2020 年 6 月 18 日广西官方举行解读《加快建设面向东盟的金融开放门户若干措施》新闻发布会。中国人民银行南宁中心支行副行长杨正东称人民银行南宁中心支行将加大力度支持绿色金融改革创新试点，扩大绿色金融规模，提升绿色金融质效，让绿色金融在促进地方经济发展和环境改善中真正发挥作用。2020 年一季度末，广西全区绿色贷款余额达 2381.4 亿元，涵盖节能环保、新能源、绿色农业、污水处理等各个领域；广西三家城商行共获得 100 亿元绿色金融债额度，并已完成发行 70 亿元；桂林市、贺州市绿色公交资产证券化业务成功发行，实现全区公交行业资产证券化项目零突破；贺州市获法国开发署 5000 万欧元贷款，绿色金融对外交流合作不断加强。2020 年南宁市加快创建绿色金融改革创新示范区，在中国—东盟金融城打造绿色金融特色示范楼宇，提供"一站式"绿色金融服务；放宽绿色企业纳入我市上市后备企业库的准入标准，加大支持和服务力度，《南宁市创建绿色金融改革创新示范区若干重点工作任务措施》印发后，从建立多层次绿色金融组织体系、推动形成多元化的绿色金融服务体系、保障措施三方面提出 14 项任务措施，助推南宁市加快创建绿色金融改革创新示范区，加快面向东盟的金融开放门户南宁核心区建设进程。

随着我国绿色金融的发展越来越深入，广西绿色金融的发展也将迈向更高的台阶。

第二节　广东省绿色金融发展概况

2017 年 6 月，广东被列为我国首批五大绿色金融改革创新试验区之一，广东迎来了绿色金融发展的良好机遇。花都绿色金融改革创新试验区，在广东省、广州市相关部门的大力支持下，在 1 年多时间里，花都认真落实总体方案的要求，紧紧抓住改革创新试验田、协调发展示范区、合作发展新平台和建设助推器四大发展定位。广州花都试验区率先在全国推出"1＋4"绿色金融产业政策体系，2017~2022 年，每年安排不低于 10 亿元专项资金支持绿色金融和绿色产业发展，使绿色金融改革工作取得了实质的成效，为全国绿色金融改革创新提供了广州模式花都经验。

为进一步推进广东绿色金融建设，在绿色信贷方面，中国人民银行广州分行通过再贴现等业务引导金融机构加大对绿色环保产业的投资力度。在绿色债券方面，成功发行绿色企业债券 24 亿元，绿色债券 30 亿元，内地造纸行业第一宗绿色债券。在绿色基金方面，积极创新，出现了一批绿色基金产品。例如广东环保基金母基金，用于治理生活垃圾和污水；"亚洲开发银行贷款广东节能减排促进项目资金信托计划"，用于投向绿色相关环保企业；三支政府引导基金，基金总规模 41 亿元。

在 2019 年广东省广州市政府办公厅出台的《关于促进广州绿色金融改革创新发展的实施意见》中，明确提出鼓励广州市企业在香港、澳门等地发行绿色债券，这代表着广州将以自身辐射周边推动粤港澳大湾区绿色金融市场建设，截至 2019 年 9 月，广州地区银行机构绿色贷款、绿色债券、绿色保费三项指标在各试验区中均排名第一位。

2019 年广州市紧跟国家改革区域金融步伐，在绿色金融改革创新试验区建立了集绿色项目申报、认证和融资对接于一体的绿色项目融资对接系统，首创绿色企业和项目申报、认证和融资管理对接的全链条服务，初步实现了绿色企业和绿色项目产融以及绿色金融统计分析等功能，为实体经济的发展做出贡献。

在广州绿色金融改革创新试验区建设带动下，深圳、江门、肇庆，还有其他地市也都积极探索，积累了一些有益经验，有力地推动了区域金融改革创新。

2016 年阳江农行定位于绿色金融的领军银行，积极倡导并实施绿色信贷发展战略，注重绿色金融创新，努力推进阳江地区生态环境建设，引导资金流向环保、节能、清洁能源、清洁效能等产业和"三农"领域，累计投放绿色信贷 73.28 亿元，在促进业务转型和结构调整方面取得良好成效。2017 年广东省阳江市各金融机构负责人和绿色环保企业共同签订阳江市绿色金融战略合作框架协议，重点将围绕新能源项目、绿色农业等新兴领域加大对绿色金融投入、绿色金融创新，为阳江市循环经济发展与绿色金融贡献力量。人行阳江市中支高度重视绿色金融工作，积极促进阳江市生态环境保护和绿色经济发展。据统计，"十二五"以来，全市金融机构累计投放绿色信贷404.55亿元，其中投放新能源项目221.48亿元、绿色新型农业148.34亿元、节能环保项目24.59亿元、其他绿色领域10.14亿元。2018年邮储银行阳江市分行实施加强绿色银行建设三年规划，即全行牢固树立绿色发展理念，建立完善的绿色银行政策制度体系，大幅提高绿色信贷投放及占比，健全绿色信贷、绿色理财、绿色投资等产品体系，提升绿色运营效益和品牌形象，建设成为先进的绿色普惠银行。

2019年茂名市政府与交通银行签署战略合作框架协议，希望交通银行不断强化银企对接，创新金融产品，加大贷款投放力度，助力茂名经济社会快速发展。交通银行广东省分行聚焦城市建设、绿色产业、向海经济等相关领域从国家宏观经济政策、产业政策、区域发展政策和信贷政策等方面支持茂名市绿色金融和绿色产业创新发展，向绿色建设项目、绿色产业、城市建设、民生服务等领域提供总金额共计500亿元的意向性授信额度。

第三节　海南省绿色金融发展概况

2018年4月，海南全岛建设自由贸易试验区，逐步发掘构建中国特色自由贸易港以及相关政策和制度体系。海南自贸港的建设将会给本土相关产业释放更大的增长动力，其巨大的发展空间也将会促进绿色金融的发展。

海南省人民政府为加快发展绿色金融，培育壮大绿色金融市场，在2018年4月，制订了关于发展海南省绿色金融的方案，方案中提到将会利用财政贴息支持金融机构，提供更多的绿色金融产品和服务，在政策上给予本省绿色金融发展强有力的支持。同时也说明要注重在绿色信贷、绿色保险等绿色金融产品方面的创新，拓宽绿色融资渠道、构建绿色金融服务产业转型升级和绿色金融持续健康发展机制。

海南省银行业金融机构积极参与绿色金融的发展构建，在参考绿色产业融资特点以及结合自身优势的基础上，创新丰富绿色金融产品体系。其中，中国工商银行海南省分行接连推出支持环境发展项目的绿色信贷产品；中国银行海南省分行采用新的授信方式，支持海口市垃圾焚烧发电厂项目发展；海南省农村信用社向企业提供贷款，用于支持莲雾产业基地建设和开发研究。

近年来，随着绿色金融理念在海南落地生根，规模迅速增长，越来越多的资金流向了绿色项目和绿色企业。根据海南省政府网站公开数据显示，截至2018年9月末，海南省银行业金融机构绿色贷款余额424.5亿元，比年初增加30.5亿元；比年初绿色贷款余额增长7.7%，高于同期各项贷款且比年初增加3.4个百分点；绿色贷款在同期各项贷款余额中的占比为4.8%，比年初上升0.2个百分点。从信贷投向看，绿色交通运输项目占比最高，可再生能源及清洁能源项目、垃圾处理及污染防治项目和工业节能节水环保项目紧随其后。

三亚市配合市政府出台绿色金融奖励政策，对银行机构年度新增绿色信贷贷款余额给予1‰的奖励，对成功发行绿色债券的企业给予最高200万元的奖励等，有效促进三亚市绿色金融实现新突破，助力国家生态文明试验区和"无废城市"建设。2018年4月三亚入选全国首批11个"无废城市"建设试点城市以来，三亚市绿色信贷规模持续增长，截至2019年末，三亚市绿色贷款余额37.47亿元，同比增长9.24%。中国人民银行三亚市中心支行为更好地支持生态环境发展，以绿色金融为抓手，推动银行加大绿色信贷投放，助力三亚"无废城市"试点建设，按照国家生态文明试验区建设总体要求，把绿色金融发展作为重点工作，通过完善银行内部绿色金融考核评价机制，培养绿色金融人才，制定绿色产业创新发展方案等方面加大对绿色企业与绿色项目的资金支持。光大环保能源（三亚）有限公司主营焚烧处理城市生活垃圾，该企业获得国家开发银行、光大银行授信合计7.8亿元，建设三亚市生活垃圾焚烧发电厂项目。光大环保餐厨处理（三亚）有限公司主营餐厨废弃物处理等，该企业获得光大银行贷款0.55亿元。三亚瑞泽再生资源利用有限公司利用旧城改造和拆迁等方面产生的建筑施工垃圾、旧建筑物拆除垃圾经过二次利用生产建筑材料，该企业获得三亚农商银行贷款0.7亿元。

2018年海口市发展和改革委员会（市绿色金融管理委员会）与鲁能集团海口公司签订海南绿色金融集聚区建设合作框架协议，双方共同参与海口市绿色金融建设工作，将积极引进国内外知名度高、影响力大的金融机构注册落户海口鲁能中心，吸引更多的社会资本投入到绿色产业，支持绿色、生态、循环、节能的项目和产业发展，促进有利于绿色发展的体制机制的形成，将该项目打造成海南绿色金融集聚区。

海南省澄迈县绿色金融业务开展较晚，尚处于起步阶段。从业务类型看，澄迈县目前只开展绿色信贷业务，绿色债券、绿色基金及绿色保险等业务均未涉及。调查显示，截至2019年9月末，澄迈县绿色信贷余额1.8亿元，仅占各项贷款余额的0.96%。

第四节　北部湾城市群绿色金融发展概况

如上所述，广西、广东和海南的绿色金融都已有一定程度的发展。但因为三个省市不同的区位条件和发展实际情况，三个省市之间绿色金融发展的行业侧重、发展程度和发展成效等方面都存在着差异，一个省内不同的城市之间的发展也存在着较大的差异。在这样的情况下，在这三个省市中，属于北部湾城市群的 15 个市县，其绿色金融的发展也存有差异。

绿色金融的发展一般会选择经济发展水平较高或者别具特色的地区开始发展，其发展条件更为成熟，有利于快速发展。在北部湾城市群中，南宁是广西的首府，其经济体量在北部湾城市群中处于高层次水平，具备更好的绿色金融发展环境，所以广西的绿色金融发展在很大程度上是由南宁带动的。海口市作为海南省省会，国家"一带一路"倡议支点城市，也是北部湾城市群的中心城市之一，GDP 发展水平为海南省第一，同样具备较好的绿色金融孵化发展成熟条件。总的来说，北部湾城市群整体的绿色金融发展具有以下特点：

一、已具有相关的政策导向，具备良好的发展环境

三省区政府等相关金融发展机构都颁发了有关发展绿色金融的政策文件。

表 4 - 1　三省区有关支持发展绿色金融政策文件

省区	文号	政策文件
广西	桂政办发〔2018〕86 号	《广西壮族自治区人民政府办公厅转发自治区金融办等部门关于构建绿色金融体系实施意见的通知》
广东	粤府办〔2018〕13 号	《广东省人民政府办公厅关于印发广东省广州市建设绿色金融改革创新试验区实施细则的通知》
	粤银监发〔2018〕40 号	《广东银监局关于广东银行业加快发展绿色金融的实施意见》
海南	琼府办〔2018〕25 号	《海南省人民政府办公厅关于印发海南省绿色金融改革发展实施方案的通知》

资料来源：广西壮族自治区、广东省、海南省人民政府官网。

1. 广西

《广西壮族自治区人民政府办公厅转发自治区金融办等部门关于构建绿色金融体系实施意见的通知》中明确提到要积极构建具有广西特色的绿色金融体系，重点从绿色信贷、保险与基金、绿色产业直接融资渠道、绿色金融基础设施建设、绿色金融与对外合作、风险防范等多个方面完善绿色金融体系，深化绿色金融改革，推动广西绿色金融发展。

2. 广东

《广东省人民政府办公厅关于印发广东省广州市建设绿色金融改革创新试验区实施细则的通知》中对于建设广州绿色金融创新试验区提出结合广东省实际培育绿色金融组织体系，从绿色金融服务、绿色金融产品、绿色金融基础设施方面对广州市政府、省金融办、各金融机构均提出相应改革要求。

《广东银监局关于广东银行业促进经济高质量发展的实施意见》对广东省各银行业金融机构提出意见，其中对大力发展绿色金融方面做出要求，意见指出通过主动对接广州绿色金融改革试验区、珠三角国家绿色发展示范区，加大对绿色经济重点领域的金融支持，在绿色信贷、绿色金融产品和服务两个方面重点推进绿色金融的发展。

3. 海南

《海南省绿色金融改革发展实施方案》中按照党的十九大要求提出要加快发展绿色金融以推动全省形成绿色产业体系，实现在绿色信贷、绿色债券方面的突破，构建起多层次的绿色金融组织体系，创新绿色金融产品支持海南农业的发展，拓宽绿色产业直接融资渠道，发展绿色保险，根据海南实际支持乡村建设，推动绿色金融服务产业转型升级，从而带动海南省绿色金融的发展。

二、地区银行业金融机构对发展绿色金融具有一定的主动性和实践经验，接受程度高

表4-2 三省区银行业金融机构绿色金融发展举措

省区	银行金融机构	具体做法
广西	兴业银行广西南宁分行	提出加快构建广西绿色金融体系、建立绿色"一带一路"发展机制等行内绿色金融发展建议
	兴业银行北海分行	为多家公司客户提供绿色融资授信额超过30亿元，为北海市生活垃圾焚烧提供绿色融资5亿元
	中国邮政储蓄银行广西壮族自治区分行	重点支持绿色交通运输、可再生能源、清洁能源等绿色产业
	桂林银行	投放广西首笔绿色金融债业务
	农行玉林分行	大力发展绿色金融，共发放风电贷款7.79亿元
广东	中国人民银行广州分行	运用政策工具引导金融机构加大对绿色环保产业的投资力度
	广东华兴银行	目前已成功发行30亿元绿色金融债券
	粤财信托有限公司	创立"亚洲开发银行贷款广东节能减排促进项目资金信托计划"募集资金，投向广东绿色环保企业及相关产业
	中国农业银行阳江分行	注重绿色金融创新，引导资金流向节能环保等领域，累计发放绿色信贷73.28亿元
	中国邮政储蓄银行阳江分行	实施建设绿色银行三年计划，力争建设成为绿色惠普银行
	交通银行茂名分行	与茂名市政府签署战略协议，共同推动绿色金融的发展
海南	中国工商银行海南省分行	退出滩涂资源利用贷款、固定资产（旅游景区）支持融资、影视制作项目贷款、个人游艇贷款等绿色信贷产品
	中国银行海南省分行	向海口市垃圾焚烧发电厂扩建工程授信1.5亿元用于改善环境
	海南省农村信用合作社	向海南企业贷款500万元用于支持莲雾开发研究及莲雾基地建设
	中国人民银行三亚市中心支行	支持绿色企业与项目，通过加大绿色信贷投放，助力三亚"无废城市"试点建设
	光大银行三亚支行	为废弃物处理、垃圾焚烧企业提供9.05亿元贷款

资料来源：各银行业金融机构社会责任报告及官网。

三、银行业金融机构可提供于发展绿色金融的资金厚度增加

近五年来，三省区的金融业法人单位数量中广东省呈明显上升趋势，且2017～2018年上升数量大，广西与海南在2018年呈现出减少趋势，说明两省金融机构还有上升空间，三省金融业在地区生产总值中的增加值总体均呈上升趋势，这意味着有更多的金融机构可以把资金投向绿色产业用于支持绿色金融发展。

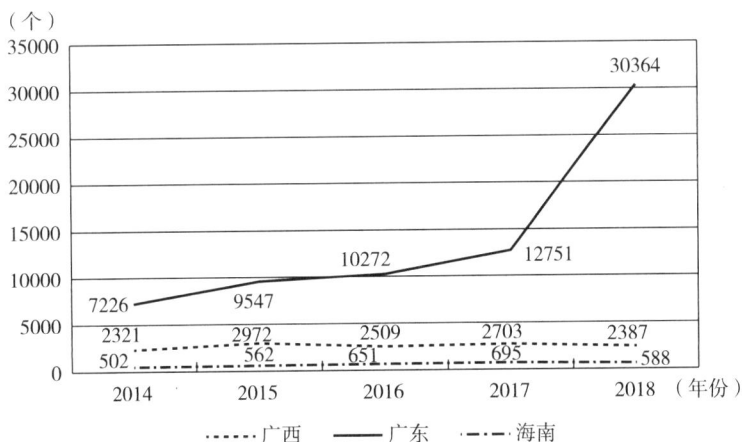

图 4 - 1　2014～2018 年三省区金融业法人单位数量变化情况

资料来源：国家统计局。

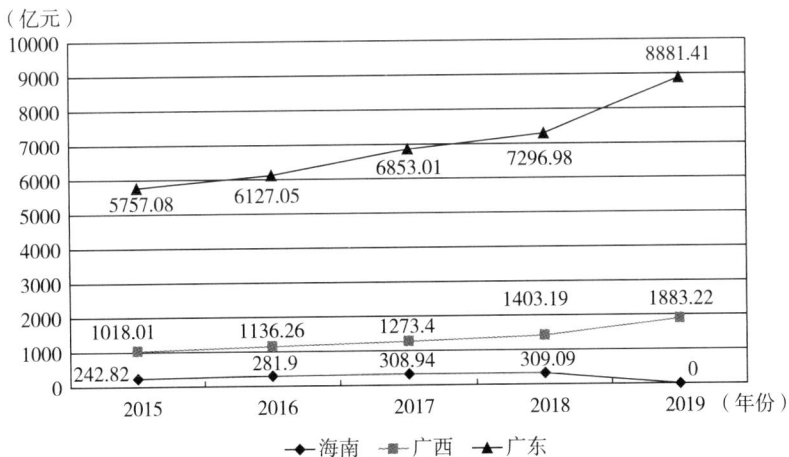

图 4 - 2　2015～2019 年三省区金融业生产增加值

资料来源：国家统计局（其中海南省 2019 年的数据暂缺）。

第五章 北部湾城市群内部金融合作模式研究

通过对北部湾城市群组团的比较优势分析，以及各个组成城市的优势、劣势、发展规划分析，综合考虑经济效益和环境效益，构思北部湾城市群绿色金融合作的具体方案，包括城市间的合作模式总体框架、实施路径和阶段规划目标。

第一节 北部湾城市群内部组团比较优势分析

北部湾城市群包括广西、广东和海南三个省区一共15个县市。就组团发展而言，可以以地域为标准，分成三个部分来分析其各自具有的优势。通过分析区域内各城市的产业现状及特征，挖掘其发展潜力，分析其发展优势，可以推动北部湾城市群内分组融合、产业联动、协同共进的局面。

一、广西北部湾城市群优势分析

在北部湾城市群的广西城市中，以石化和钢铁为主的第二产业发展城市有钦北防，发展具有一定规模，形成地区优势产业；崇左具有较多的旅游资源，糖业和锰业发展具有一定的知名度；近 7 年的 GDP 排名中，南宁的排名一直占据首位，经济发展实力较强。就组团而言，广西 6 个城市组团具有综合全面的优势。

二、广东北部湾城市群优势分析

北部湾城市群中，广东三市——阳江、茂名和湛江，地区生产总值排名靠前，基本保持在前五水平。制造业发展优势比较突出，主要是钢铁和石化产业，发展层次处于中高端。

三、海南北部湾城市群优势分析

海南的 6 个城市具有众多良好的旅游资源，可以大力带动旅游业的发展。海口的海陆空交通建设较为完善，拥有国家一级开放口岸秀英港。海口、儋州等市县都在大力发展热带高效农业，可规划发展成相关产业链，促进产业优化升级。

第二节 北部湾城市群绿色金融合作总体框架构想

一、合作模式设计

现阶段，北部湾城市群发展主要裂分为三个部分，发展水平和侧重差异大，发展凝聚力和合作力度弱。因北部湾城市群正处于初步发展阶段，其城镇化水平与体系、空间结构与作用、城市协调分工等方面均不完善。由于北部湾城市群涵盖三个省区，开展绿色金融合作需要设立一个中心城市来统筹协调发展。在考虑各省区之间政治和经济上存在的差异以及平等的基础上，选取三个省区中的一个重点城市作为核心来辐射带动本省区的发展。南宁是广西的首府，经济体量在北部湾城市群一直遥遥领先，占据榜首。同时还是北部湾城市群的核心城市，中国东盟博览会的永久举办地，国家"一带一路"海上丝绸之路有机衔接的重要门户城市。又因为目前正在建设绿色金融改革创新示范区，充分发挥广西首府的作用，加快以南宁为核心的面向东盟的金融开放进程，从而具有良好的政治和经济优势，适合担任北部湾城市群的绿色融资服务中心角色。湛江拥有粤西和环北部湾地区最大的天然深水良港湛江港，优良的区位优势使之成为粤西和西南地区重要的物流中心。湛江的钢铁石化产业发达，正向着现代化工业格局趋势发展，所以工业发展处于较高水平。其宝钢湛江钢铁基地是"现代化绿色钢铁基地"，生产的多项指标达到国际一流水平，是钢铁工业的行业标杆。所以可将湛江定位为北部湾城市群的绿色钢铁产业服务中心，负责建立钢铁产业绿色生产示范中心，引导绿色资金流入。海口的人均 GDP 于 2013～2017 年是北部湾城市群的首位，科研力量强，各项专利指标持续占据全省首位，技术研发中心数量多、层次高，同时也发展海南北部湾区热带高效农业。因此，北部湾城市群绿色金融合作的核心设置，应该为：南宁、湛江和海口。

对于北部湾城市群中除上面三个城市之外的其他 12 个县市，其绿色金融合作定位应服从城市群整体的产业发展战略，以"产业发展分工协作，建设绿水青山发展"为核心理念，根据各城市的产业资源禀赋与区位特点，分别归入北部湾城市群绿色产业示范基地和绿水青山示范区两大类。借助钦州和茂名石化产业发展的优势，打造石化产业链，依靠产业升级优化，加快建设石化产业绿色化生产，加大拉动绿色金融机构对石化产业的支持力度；以北海临港新材料产业和阳江高端技术产业为拉动力，加快推进北部湾城市群工业生产技术从中低端向中高端迈进，建立绿色生产技术支持中心；利用防城港自身开采和加工矿物金属的有色金属产业，玉林基础设施建设产业增加绿色产业示范基地产业多元化；利用崇左的旅游业，儋州、东方、澄迈、临高和昌江作为一体打造的绿色热带高效农业示范区，建立以绿色生态发展为主的示范区。通过这些举措，可以增强北部湾城市群绿色金融融资吸引和接收能力，加快绿色金融体系发展建设。未来发展趋势则应该向着集聚化发展，集中资源投入，大力推进特大城市和大城市建设。

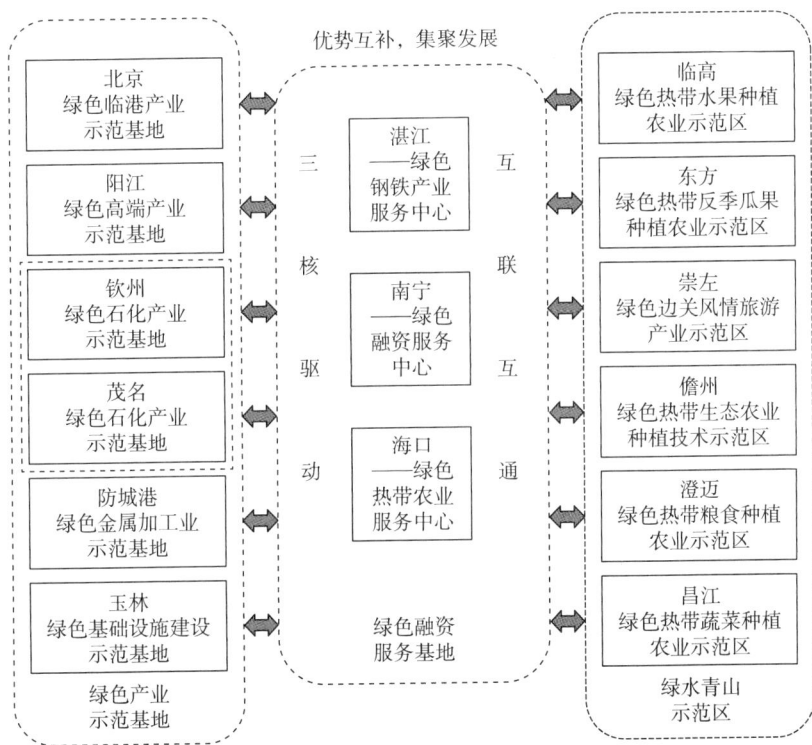

图5-1　北部湾城市群各城市绿色金融合作总体框架

二、总体思路

通过以上分析，初步规划北部湾城市群的绿色金融发展分为三大部分：绿色融资服务中心、绿色产业示范基地和绿水青山示范区。总体合作模式框架构建思路总结为"三核驱动,互联互通,优势互补,集聚发展",即:以南宁的绿色融资中心、湛江的绿色钢铁服务中心、海口的绿色热带农业服务中心为三核心,培育整个北部湾城市群的绿色金融融资服务平台;以钦州、茂名、北海、阳江、防城港和玉林为主建设绿色产业示范基地,作为绿色金融融资接收中心;以崇左、儋州、东方、澄迈、临高、昌江6个旅游资源丰富的县市为主建设绿水青山示范区,打造绿色生态发展示范城市。发挥集聚优势,北部湾城市群绿色金融市场要素双向开放与联通,推动北部湾城市群建设成为湾区城市群绿色金融发展示范区。

第三节 绿色金融功能定位

一、绿色融资中心功能定位

根据"一湾两轴、一核两极"的发展规划,建议将南宁、湛江和海口打造成北部湾城市群绿色融资服务中心。首先,南宁是整个北部湾城市群发展的大核心,具备良好的政治和经济发展优势地位。又因为南宁本地工业发展进入工业化后期阶段,目前产业发展以计算机及软件服务、商务服务、现代物流、会议会展等现代新兴服务业为主导,本地绿色金融发展程度较高,目前应该在绿色融资、创新绿色产品与服务方面更上层楼,所以建议将南宁打造成绿色融资服务中心。其次,湛江是北部湾城市群中为数不多的发展钢铁产业城市,湛江着力打造临港重化工业核心区,已有中石化、中石油、中海油等多家大型石油公司在湛江投资,但与周边地区相比,缺少横向成群的产业集群,其作为沿海城市，更应该集中力量利用自身海港区位优势发展工业，因此，可以将湛江打造成北部湾城市群的绿色钢铁产业服务中心。最后，海口是海南的省会，因海南省气候环境影响，在海南 6 个县市中，发展热带高效农业的城市占比较高，日后可考虑发展一体化产业。所以，建议将海口打造成北部湾城市群绿色热带农业服务中心。具体功能设计如下：

1. 绿色金融评估认证中心

北部湾城市群的绿色金融发展尚未成型，绿色的标准需要进行认证评估。所以要建设统一认可的绿色认证机构，制定认证评估标准并发布，负责北部湾城市群的绿色企业、绿色金融产品评估认证工作。湛江属于广东省，广东省毗邻香港，绿色金融发展受到作为国际金融中心的香港经济的影响，省内又有国家设立的花都区绿色金融创新试验区，绿色金融发展程度高，所以北部湾城市群可以利用湛江的区位条件优势，参考借鉴广东省绿色金融评估认证标准。

2. 绿色金融交易市场

发挥核心作用，建立北部湾城市群绿色金融交易市场，搭建交易平台，制定并完善交易规则，审核产品的合格性，鼓励各方参与交易。南宁与海口均属于各自省内的首府城市，湛江位于广东省内，同时是沿海城市，三个城市在北部湾城市群中拥有较好的地理区位条件，都具备对外交流的良好条件，有政策的支持，GDP 排名在城市群中靠前，经济总量较大，经济发展居于较高层次，发展绿色金融交易市场具有扎实的基础。

3. 绿色金融国际交流中心

北部湾城市群绿色金融的发展需要借鉴国内外的经验，绿色金融体系建立起来之后也要加强与外界的交流。国家推进"一带一路"倡议中对广西的定位与要求是：构建面向东盟的国际大通道，打造西南中南地区开放发展新的战略支点，加快形成面向国内国际的开放合作新格局。而南宁市作为广西的首府，在中央对广西的定位和要求中起着关键性作用。2019 年 11 月广西壮族自治区印发实施《关于实施强首府战略的若干意见》（以下简称"若干意见"）《关于支持强首府战略的若干政策》。其中，《若干意见》提出了实施强首府战略定位和主要目标。在战略定位上，提出要把南宁市打造成为面向东盟开放合作的区域性国际大都市、"一带一路"有机衔接的重要门户枢纽城市、北部湾城市群与粤港澳大湾区融合发展的核心城市。南宁在我国与东盟交流和建设"一带一路"上发挥着重要作用，日后也将建立健全与东盟国家的交流合作机制，初步搭建中国—东盟信息港南宁核心基地框架，所以南宁在与国内外信息互通上具有很大优势，可以发展成为绿色金融国际交流中心。

4. 绿色金融创新中心

广西支持南宁等市创建绿色金融改革创新示范区，2020 年广西壮族自治区人民政府印发《加快建设面向东盟的金融开放门户若干措施》（以下简称"若干措施"），通过实施三十条措施，大力推进广西金融供给侧结构性改革和对外开放合作。《若干措施》鼓励优质金融机构迁入广西，并给予一定的落户奖励，同时支持面向东盟的证券期货交易服务基地建设，所以南宁也将在加快建设面向东盟的金融开放门户中发挥重要作用。《若干措施》中明确指出，加快建设南宁离岸金融中心、货币交易清算中心、跨境投融资服务中心，推动建立跨境电子交易和资金结算平台，向广西区内和境外投资者提供以人民币计价和结算的金融要素交易服务，除此之外还支持南宁、北海、防城港、崇左等设区市创建保险创新综合示范区；支持南宁市打造中国—东盟金融城，打造投资大厦、基金大厦、保险产业园等金融特色楼宇和特殊功能区。南宁市内汇集众多高校，海口拥有众多专利和技术研发中心，科研力量充足。因此可成立绿色金融研发创新中心，根据绿色发展需求，创建绿色发展体系，研发绿色金融产品等，加快北部湾城市群绿色金融的发展建设。

二、绿色产业示范基地功能定位

绿色产业示范基地主要是用于接收绿色融资，规划由北海、钦州、防城港、玉林、茂名、阳江6个城市组成。

在绿色产业示范基地中，北海和阳江主要发展高端技术产业。北海是海上丝绸之路的起点，北海地缘优势独特，衔接东、西部两大经济区域，具有承接地域东西方的枢纽作用，"一带一路"、北部湾经济区、北部湾城市群发展战略对北海提出构建面向东盟、服务我国西南中南地区对外开放的战略支点和衔接21世纪"海上丝绸之路"与"丝绸之路经济带"的重要新定位，所以北海以其特有的区位和开放优势，在吸引外资物流企业中可以赢得先机。为了进一步促进北海市产业发展，北海市政府陆续下发了《北海市工业和信息化发展十三五规划》《北海市电子信息制造业发展"十三五"规划》《北海市海洋产业"十三五"发展规划》《北海市国家外贸转型升级专业型示范基地（水海产品）发展规划》等有关文件，"十三五"期间，北海市电子信息、石油化工、临港新材料三大产业继续保持快速发展势头，合计完成工业产值1866.3亿元、增长18%，占全市规模以上工业总产值的85.6%。北海的临港新材料产业，污染小，技术水平层面高，目前在国内发展良好。北海市作为"海上丝绸之路"始发港之一，港口运输经营范围也已覆盖了国内沿海、香港、澳门、长江中下游、珠江三角洲、榕江及区内等区域，港口货运吞吐量保持平稳增长，集装箱吞吐量增长迅猛。北海铁山港（临海）工业区是广西沿海临港新材料的龙头企业，临港新材料是其千亿元产业之一，产业园区将成为北海建立聚集型经济的基础平台。所以，可将北海打造成北部湾城市群的绿色临港产业示范基地。

2017年末，阳江高技术制造业和先进制造业增加值分别增长14.6%和17.5%，拥有36家国家高新技术企业，26家省级以上工程技术研究中心、

109 家市级工程技术研究中心，生产技术带来的经济发展推动力较强。近年来，阳江发挥海洋资源禀赋和交通区位优势，通过发展先进装备制造业作为发展临港工业、构建阳江特色现代产业体系的重点，全力打造千亿级合金材料产业集群、建设世界级风电产业基地，2019 年阳江完成装备制造业工业增加值、工业投资额同比增长 80.2%、126.2%，增速继续保持"珠西"首位，阳江市装备制造业发展依旧保持强大后劲、蓬勃态势，所以，建议把阳江打造成北部湾城市群绿色高端产业示范基地。

钦州和茂名都重点发展石化产业。钦州高端产业集聚效应已经初现规模，钦州港经济技术开发区临海大工业产业集聚效应明显，正积极打造中国—东盟区域国际航运中心。"前港后厂"的工业发展模式初见成效。初步形成石化、装备制造、能源、造纸、粮油加工、现代物流为主的六大产业板块发展格局。钦州集装箱量相应增加，经济发展快速增长，已形成了一体化交通网络体系和北部湾经济区"半个小时经济生活圈"，成为中国—东盟区域国际航运中心。钦州石化产业园，是广西重点建设的工业园区和我国西南重要的石油化工基地，以六大重点产业规划建成临港工业产业集群，石油化工产业是其中的两大千亿元产业之一。除此之外，钦州保税港区在拓展整车进口、国际商品直销等特色业务的同时，着力推进加工贸易、冷链物流等产业发展，目前也已经取得初步成效。

我国华南地区最大的石化、南方重要的石化生产出口和广东的能源基地都位于茂名。茂名被誉为"南方油城"，发展石化工业已有 60 多年的历史，是华南最大的炼油和石油化工基地。位于广东西部沿海的中国石化集团茂名石化公司，是新中国自主建设的第一家炼化企业。经过 60 多年的发展，如今已经是我国华南地区最大的炼化企业。茂名石化牢固树立"绿水青山就是金山银山"理念，全面实施绿色低碳发展战略，"十二五"以来先后投入 100 多亿元用于油品质量升级改造以及投入 30 多亿元用于环境治理，推动绿色发展，研发绿色科技，实施绿色生产，开发绿色产品，茂名石化的发展带动了茂名市的经济发展。茂南石化工业园的建设地区对石化行业起到重要推动作用，茂名市依托茂名石化炼油厂资源优势从而延伸产业链条，发展特色石化产业集群，将石油化工资源优势转化为产业优势。除此之外茂名的经济实力在北部湾城市群中处于高层次，仅次于南宁。所以，建议将钦州和茂名打造成北部湾城市群绿色石化产业示范基地。

防城港是北部湾城市群中少有的有色金属加工产业发展城市。其矿藏品种多，矿产资源丰富，品位高，矿点分布广，有 50 多种矿藏储量在我国处于前列。2008 年防城港投资建设的红沙核电站，给防城港的有色金属加工基地提供了生产动力支持。对此，建议将防城港打造成北部湾城市群绿色金属加工产业示范基地。

在北部湾城市群中，玉林近 7 年的 GDP 排在第四，经济体量较大。在地理位置上，玉林东连茂名，南邻北海，是广西和广东毗邻的区域中心，有利于连接两个省区北部湾城市的发展。玉林的自然人文旅游资源丰富，全市有 120 多处名胜古迹。基于玉林的地理位置和经济发展，建议将玉林规划建设为北部湾城市群的绿色基础设施建设示范基地，发展成重要交通联络点，以旅游业驱动经济发展。

综上所述，可规划在北部湾城市群绿色产业示范基地打造绿色产业资本市场，具体功能设计如下：

1. 绿色融资租赁发展示范区

产业发展需要用到很多的高端设备，随着技术提升，设备更新换代，淘汰掉的设备在一定程度上造成了资源浪费。与此同时，一些中小企业因支付不起高昂的设备资金，无法发展。所以可在北海、阳江这些发展高端技术产业的城市利用城市内产业园区的经济发展优势带动绿色融资租赁的发展，促进资源整合，推进绿色发展。

2. 绿色企业债发布示范区

钦州的经济发展目前面临着投资不足的难题，发行企业债无疑是解决问题的一个方法。在绿色发展的前提下，钦州和茂名的石化产业未来将转向绿色低碳发展。因此，可以通过打造绿色石化产业园区，优化产业生产链，促进生产全程绿色环保化发展，制定绿色环保生产标准，减轻环境压力。以此来吸引绿色资金注入，建立绿色企业债发展示范区。

3. 碳排放权交易示范区

防城港的有色金属产业发展，对空气和水环境都会造成影响。碳排放权交易对控制区域的碳排放总量，推动企业提高技术、节能减排方面有很大的作用。建立碳排放权交易平台，逐步推进碳交易市场发展，使北部湾城市群控制和减少碳排放，绿色低碳发展迈上新台阶。

4. 绿色信贷示范区

我国目前的绿色金融发展主要以绿色信贷为主，所以可在北部湾城市群内建立绿色信贷支持绿色企业项目发展示范区。玉林的基础设施建设耗时长，所需资金量大，可以通过推动旅游业发展，拉动配套基础设施建设的需要，刺激银行金融机构投入资金，形成以绿色信贷为主导的资金推动发展产业，建设绿色信贷示范区。

三、绿色青山示范区功能定位

绿水青山示范区包括崇左、儋州、东方、澄迈、临高、昌江6个城市。崇左是边境口岸城市，边境线在广西排第一，陆路可达与之相近的7个国家，是中国通往东盟最便捷的陆路通道，也是"一带一路"南向通道的重要节点城市。崇左具有丰富的旅游资源，截至2015年，有国家级4A旅游景区5处、国家级4A旅游景区9处。2018年，成功创建市内第一处国家5A级旅游景区——德天跨国瀑布，还有世界文化遗产左江花山岩画文化景观、世界珍稀动物白头叶猴、凭祥友谊关等著名旅游资源，所以崇左是广西边关风情旅游带的核心城市。近年来，崇左立足边境丰富的旅游资源，依托与越南山水相连、人文相通优势，充分利用国家给予边境地区的优惠政策，推动边境旅游资源保护和开发、旅游基础设施建设、旅游市场宣传等工作有效开展。同时利用"十三五"期间国家发展旅游风景的要求，打造中越边关风情旅游带。为推动旅游业的发展，崇左市先后完成了《崇左市旅游产业发展总体规划》《广西大新德天瀑布核心景区旅游发展规划》《广西花山景区详细规划》《崇左市全域发展规划》《崇左市乡村旅游发展规划》等一系列规划工作，及时出台了《关于加快崇左市旅游产业跨越发展的若干政策》《扶持旅游饭店行业发展暂行办法》《关于支持旅游民宿产业发展的若干政策》等一系列政策文件和具体措施，为全市文化旅游发展打下了良好基础，给旅游业注入活力。所以，建议将崇左打造成北部湾城市群绿色边关风情旅游产业示范区。

海南省地处中国最南端，是中国唯一一座拥有热带气候环境的海岛，因为其气候环境影响，拥有许多独特的热带资源。农业是海南省重要的支柱性产业，作为省内的主导产业，2018 年中国（海南）国际热带农产品冬季交易会的开展给海南农业塑造了新的品牌形象，于海南农业生产基地对于生态循环农业、热带特色现代农业的发展做了详细报道。2020 年国务院印发了《海南自由贸易港建设总体方案》，是继海南成为经济特区、建设国际旅游岛、打造全岛自由贸易试验区之后的又一次新发展，标志着海南自由贸易港建设进入了全面实施的新阶段，而自由贸易港的建设也将为海南未来的农业发展带来优惠政策与资金支持，同时也带来广阔的国内外市场和国际合作交流机会，海南热带农业与"一带一路"沿线国家以及东盟国家热带农业合作发展机会将显著提高。自由贸易港还将进一步放宽空运限制，使交通运输更为便利，进而促进农产品的出口。近年来，海南不断强化农业的基础地位，积极推进农业和农村经济结构调整，大力发展科技农业、绿色农业，加快农村经济发展，形成了

"一中心，两区和三基地"建设规划。

因儋州、东方、澄迈、临高、昌江属于海南省，有良好的农业发展基础，并且均发展热带高效农业，所以考虑打造成绿色热带农业产业区。

海南土地面积最大的市县是儋州，儋州市作为海南西部中心城市、北部湾重要支点城市，境内水网密布，有海南第一大水库松涛水库，发展热带高效农业具有优越的条件。近年来，儋州市紧紧抓住全面深化农业供给侧结构性改革这条主线，依托资源优势优化农业结构，大力发展特色高效产业，加大农业品牌化建设，全力推动热带特色高效农业发展。儋州的发展主要以农业为主，其中甘蔗和蔬菜的产量占比较大。2018年儋州市出台了《加快发展儋州热带特色高效农业工作方案》（以下简称"工作方案"），明确了加快发展儋州热带特色高效农业的目标和任务，全力打造儋州农业特色品牌。《工作方案》指出，加快发展儋州热带特色高效农业工作要围绕以品种调优、品质提升、品牌引领为重点，立足儋州热带特色农业资源优势，在冬季瓜菜、热带水果、热带作物、热带花卉、海洋渔业和现代畜牧业等方面，规划发展具有儋州特色的高效农业主导产业。所以，建议把儋州打造成北部湾城市群绿色生态农业种植技术示范区。

东方位于海岛西南部，日照充足，气温适宜，冬季短夏季长，非常适合种植冬季瓜菜，具有发展热带高效农业的良好条件。2016年以来，该市充分利用热带特色农业资源优势，以开展"品牌农业创建年"活动为契机，大力推进十大农业品牌创建，积极促进农业标准化生产、产业化经营、品牌化运作，全面提升现代农业整体发展水平。东方的农业转型升级主要以发展热带瓜果产业和热带花卉产业为主，在农产品品牌建设方面着重调整产业结构，努力做强优势品牌。已注册各类农产品商标295件。其中，通过"三品一标"认证的有19家，通过"地理标志"认证的有4家。除此之外东方通过实施标准化生产、产业化经营、品牌化运作、信息化营销、生态化管理，倾力打造火龙果品牌。因此，建议将东方打造成北部湾城市群绿色热带反季瓜果种植农业示范区。

澄迈是海南省农业大县，以产粮食为主，是发展热带经济作物的重要生产基地。2012～2018年澄迈县在实施品牌农业与商标注册方面共计投入9000万元，2019年累计注册农产品商标1027件，已有7种农产品获得农产品地理标志认证成为该市独有特色产品，为了推动品牌农业发展，澄迈以高标准质量管理目标，建立出口食品农产品质量安全管理体系，保障出口农产品的质量安全，是海南省唯一被授予"国家级出口食品农产品质量安全示范区"称号的市县。2019年澄迈热带特色高效农业增加值达62亿元，占农业增加值的比重为72.5%。澄迈目前不仅是海峡两岸农业合作试验区示范基地，还被授予国家现代农业示范区、国家级出口食品农产品质量安全示范区。近年来，澄迈县坚持用工业的理念发展农业，积极建设现代农业科技园区、农产品加工园区，致力于延伸农业产业链，使农业结构转型升级，努力建设产销一体的农业企业集群。所以，建议将澄迈打造成北部湾城市群绿色热带粮食种植农业示范区。

临高地势平坦，拥有73万亩沃野良田，是全国闻名的"鱼米之乡"。自2015年以来，临高不断扩大农业种植面积，香蕉和红心蜜柚的种植面积达到8.5万亩和1.7万亩，红心蜜柚、火龙果等农业品牌初步形成。临高县近年来按照省委与省政府发展农业的要求，打造自身农业向着特色、精品、高效农业发展，坚持绿色环保原则，积极做强农业品牌以带动农民增收致富。除此之外，临高为了打造品牌农业示范种植基地，其政府不断加大投入，引进农业龙头企业解决农产品对接市场销售问题。所以，建议将临高打造成北部湾城市群绿色热带水果种植农业示范区。

近年来，昌江一直在优化种植结构，加快调减甘蔗、桉树等低质低效产业，大力提升冬季瓜菜、热带水果、林下经济等特色高效产业。2017年，昌江的蔬菜产量最高，为350565吨，增长速度为12.4%。2018年昌江引入农业企业带动农户发展波罗蜜、毛豆等特色产业，农业得到进一步发展；"昌江芒果"成为昌江第一个获颁的地理标志证明商标，对深入挖掘、保护特色农产品品牌价值起到积极的作用。昌江县积极实施农产品供给侧改革，通过创建农业特色名优品牌，大力发展热带高效农业，从而将热带特色高效农业打造成为昌江经济的重点。所以，建议将昌江打造成北部湾城市群绿色热带蔬菜种植农业示范区。

综上所述，北部湾城市群绿水青山示范区的具体功能设计如下：

1. 热带农业创新研究中心

儋州有中国热带农业科学院在儋州设立的校区，该校被称为热带农业科技创新国家队，此外还有海南大学儋州校区。这些科研力量可以为北部湾城市群热带农业的发展提供科技支持。所以可通过设立热带农业创新研究中心，集合科研力量，为热带农业的绿色发展需要，创新设计绿色金融产品，推动热带农业产业链绿色高效发展。

2. 热带农业绿色信贷示范区

通过与金融机构合作，设计绿色宜农贷、热带益农债等金融产品，专项支持生态农业示范区建设。

3. 热带农业绿色保险示范区

农业发展不可避免地会受到气候、市场等因素的影响，所以可结合保险业和北部湾城市群热带农业的发展特点和潜在威胁，设计保护热带农业生产的绿色保险产品，例如我国已经出现的农产品价格指数保险。

第四节 北部湾城市群绿色金融合作路径实施分析

北部湾城市群内存在发展水平不同、产业侧重不同等诸多挑战，需要结合我国国情，同时借鉴国内外区域协调发展的成功经验，走中国绿色金融发展特色道路，实行以政府先推动、市场为导向、企业做主导的绿色金融区域合作模式，提出和建立适合北部湾城市群绿色金融合作的新思路、新路径、新模式。总的来说，北部湾城市群的绿色金融合作实施途径可总结为十二字方针："区域统筹，政策引导，市场驱动。"

一、区域统筹路径

1. 建立区域统筹协调机制

北部湾城市群涵盖三个省区，在发展的过程中，需要三个省区的政府、企业和社会多方合作，因此在区域绿色金融合作的问题上要充分考虑到不同层次、不同部门及各地方政府之间的目标需求，对其统筹协调。因此，建立多方合作机制，完善区域协调机制是推进北部湾城市群绿色金融合作的重要保障。机制的运行需要机构的保障，可以借鉴京津冀协同发展领导小组的做法，建立由中央政府主导，广西、广东和海南省区政府参与的北部湾城市群协同发展领导小组，负责北部湾城市群的规划建设和合作协调，包括绿色金融领域的专项工作。具体的规划如下：

首先，成立北部湾城市群协同发展领导小组。将机构办公地点设在国务院，由中央政治局委员级别及以上的领导直接担任机构负责人，统筹协调北部湾城市群的发展。通过设立国家层面的城市群发展协调管理机构，可以有效推进北部湾城市群的顶层设计，建立北部湾城市群发展日常工作机制，就城市群发展过程中遇到的重大复杂问题进行协调解决，为北部湾城市群协同发展提供体制机制保障。

其次，签订绿色金融合作协议。在北部湾城市群协同发展领导小组成立后，尽快推动粤桂琼三地政府代表，协商签订《粤桂琼绿色金融合作协议书》。该协议书的主要内容包括积极推动城市群内的绿色金融发展，实现优势互补，以及建立定期沟通渠道和日常联络渠道，商讨合作的计划以及合作项目，不定期会晤及交流互访，促进信息互通。

最后，设立绿色金融合作委员会。为了更好地加强北部湾城市群地区绿色金融的合作，建议通过设立合作委员会来促进北部湾各城市之间绿色金融的发展，进一步加强北部湾城市群绿色金融的学术、人才培养、先进经验等方面的交流。北部湾城市群绿色金融合作委员会是北部湾城市群协同发展领导小组下设机构，三地共同派出指定的负责人组成绿色合作委员会。

2. 强化统筹绿色产业布局

区域整体竞争力归根到底在于产业的竞争力，而产业竞争力的关键在于产业区域特色优势的形成。因此，北部湾城市群内各市须从自身的比较优势和竞争力出发，统一制定适合本地区特点的区域产业政策。在北部湾城市群城市功能发展的规划过程中，一定要注意错位发展、优势互补，这样可以减少恶性竞争，并且使得城市群的集聚效应最大化。在北部湾城市群中，广西的发展比较综合全面，广东的工业水平较高，海南的旅游业发展良好。三省城市之间进行分工协作，区域资源和要素重新整合，整个区域将获得更大的发展，并将辐射周边城市，其影响力可进一步提升。

二、政策引导路径

1. 考核制度打破辖区限制

城市群要协同发展，制定一个共同的发展目标，就需要按照整体的建设需要对城市群内的各城市进行规划和功能定位。在此做法下，各城市或多或少会被牺牲掉一些发展利益。所以，各个省区或是各个城市，能否放弃自身的发展利益，从大局出发，遵照城市群经济发展的要求，以区域经济发展为主，形成一个统一的经济发展体系，对城市群的建设来说非常重要。因此，城市群经济的发展需要建立一套科学合理、互补发展的合作机制。例如政府转移支付。用于主导经济发展的城市群区域可以通过政府之间的转移支付，将资金转向因保护生态而牺牲经济发展机会的区域，促进城市群内部经济发展平衡。对城市群的建设成果考核不是单个区域的发展水平，而是应该放到城市群整体的发展范围内进行评价。

2. 推动绿色企业联合协作

各地政府要充分尊重企业的意愿，努力为企业的跨地区扩张和竞争创造更为宽松的条件和环境，在竞争中进行产业整合，在竞争中形成合理的产业分工和区域优势。北部湾城市群各级政府应把促进企业合作作为推进区域合作的一项重要任务，制定相关政策，引导和促进绿色金融机构联合，绿色产业相关企业之间联手。这样，随着城市群建设水平以及对外开放程度的提高，将会吸引全球金融机构和企业涌入，引发对金融服务创新的需求。

三、市场驱动路径

1. 组建绿色金融交易平台

通过搭建绿色金融交易平台，促进北部湾三省的绿色金融合作和资源共享。碳排放权交易所市场的建立符合国家生态文明环境要求，有利于全社会减排成本的降低，推动经济绿色低碳发展。北部湾城市群可借国家规划建设的机遇，规划建立碳排放权交易所，为有效控制和逐步减少碳排放，推动绿色低碳发展做出新贡献。

2. 跨区共建绿色产业园区

城市群中各城市的发展产业有重合的部分，所以打破省区之间的壁垒，促进绿色产业跨区域合作，延伸绿色产业链，培育新的绿色产业集群，可为城市群的绿色金融发展提供广阔的空间。例如北部湾三省中广西六市可以以南宁绿色金融发展为借鉴，以自身主导性产业创新绿色产业发展，强化区域间的产业合作，广东三市则以湛江工业为主导，形成绿色产业集群化，海南省六县市则重点以绿色农业发展为主，自身特色农业，建立品牌集群效应。

第五节　北部湾城市群绿色金融合作阶段发展目标

北部湾城市群绿色金融合作的进展应该循序渐进、逐步完善，因此建议将北部湾城市群绿色金融合作规划分为三个阶段逐步实施：近期（准备阶段）、中期（发展阶段）和远期（成熟阶段）。

一、近期规划目标

近期为准备阶段（2019～2020年），主要任务是从机构和体制上奠定北部湾城市群绿色金融合作的基础，主要目标为：

（1）区域统筹管理机构成立，即北部湾城市群协同发展领导小组挂牌成立，其下设有北部湾城市群绿色金融合作委员会，推动粤桂琼三地政府代表协商签订完成了《北部湾绿色金融合作协议书》。

（2）北部湾城市群相关发展规划、城市群发展规划编制完成并通过科学论证，构建城市群内部有序协作以及优势互补的产业布局结构。

二、中期规划目标

中期为发展阶段（2021～2025年），主要任务是构建和完善多元化、多层次、全覆盖的绿色金融市场体系，规划目标为：

（1）多层次的绿色金融机构健全，绿色引导基金、绿色银行、绿色保险公司、证券交易所绿色分所等平台均已建立，并在城市群内达到省、市两级行政区域全覆盖。

（2）多元化的绿色产业体系完备，城市群内建立多个跨行政区的绿色产业园区，同时绿色产业链完整，绿色企业发展势头良好，为绿色金融机构提供了健康良好的市场环境。

三、远期规划目标

远期为成熟阶段（2026～2030年），主要任务是完成北部湾城市群的转型升级和绿色金融发展的转型升级，规划目标为：

北部湾城市群的核心绿色融资中心将发展形成更加深入的多层次金融市场，建设公开透明、安全便捷的交易市场。以面向东盟为基础设立离岸金融交易中心，进一步提供跨境金融服务，创新绿色贷款、绿色债券、绿色保险等绿色金融产品，将北部湾城市群建设成国内发达的绿色金融城市。

北部湾城市群的发展过程将完成从单一城市向城市群转型，广西六市中只有南宁处于工业化后期水平，北海、钦州、防城港、崇左、玉林五个城市均处于工业化中前期阶段，应该重点发展产业互补优势。广东三市则以湛江为核心，发展钢铁、石化等工业向着绿色产业转变，打造新型绿色产业链。海南六县市则以特色农业为主，建立绿色农业发展基地，三省之间产业互补，建立基础设施完善的产业集群，推动产业转型升级，打造战略新兴型工农业产业集群。

第六节　小结

经过研究分析，综合考虑经济效益和环境效益，提出北部湾城市群的绿色金融总体合作模式的构建思路为"三核驱动，互联互通，优势互补，集聚发展"。北部湾城市群的绿色金融合作实施途径总结为十二字方针："区域统筹，政策引导，市场驱动"，循序渐进、逐步完善，分阶段实施。

下篇　北部湾城市群与东盟绿色金融合作模式研究

第六章　东盟各国经济结构与产业特征分析

第一节　各国经济结构分析

本部分首先对东盟各国家的经济结构特点进行分析，然后分析 10 个国家的支柱产业的产业特征，找到其中存在的发展难点并且分析产生原因，在此基础上提出解决思路。

一、东盟十国的经济数据统一分析（以 2017 年数据为例）

根据东盟各个国家的经济发展数据，以 2017 年的数据进行比较分析，情况如表 6 – 1 所示。

通过各个国家的经济数据分析东盟各国的经济结构特点，可得出以下结论。

表 6-1 2017 年东盟十国生产总值和三次产业情况

2017 年	生产总值（亿美元）	人均生产总值（美元）	农业（亿美元）	占比（%）	工业（亿美元）	占比（%）	服务业（亿美元）	占比（%）
文莱	121.28	28985.77	1.32	1.09	72.43	59.72	49.54	40.85
柬埔寨	221.58	1421.347	51.81	23.38	68.41	30.87	87.90	39.67
印度尼西亚	10160.00	3871.56	1334.65	13.14	3998.31	39.35	4430.61	43.61
老挝	168.53	2530.836	27.30	16.20	52.10	30.91	69.99	41.53
马来西亚	3147.10	9898.738	276.38	8.78	1220.61	38.79	1602.77	50.93
缅甸	670.69	1228.873	156.50	23.33	243.42	36.29	271.72	40.51
菲律宾	3135.95	2991.528	302.89	9.66	954.91	30.45	1878.10	59.89
新加坡	3239.07	57722.17	0.86	0.00	751.87	37.28	2281.46	70.44
泰国	4553.03	6735.879	394.02	8.65	1596.03	35.05	2563.43	56.30
越南	2237.80	2389.595	343.39	15.34	747.41	0.33	868.48	38.81

资料来源：世界银行、东盟秘书处。

表 6-2 2018 年东盟十国生产总值和三次产业情况

2018 年	生产总值（亿美元）	人均生产总值（美元）	农业（亿美元）	占比（%）	工业（亿美元）	占比（%）	服务业（亿美元）	占比（%）
文莱	135.67	31627.51	138.11	101.80	85.80	63.24	21.46	15.82
柬埔寨	245.72	1512.14	54.09	22.01	79.25	32.25	97.03	39.49
印度尼西亚	10420.00	3892.95	1307.00	12.54	4140.60	39.74	688.87	6.61
老挝	179.54	2542.52	56.61	31.53	56.61	31.53	74.71	41.61
马来西亚	3585.82	11373.23	233.26	6.50	1373.25	38.30	847.29	23.63
缅甸	761.68	1418.18	146.34	19.21	229.96	30.19	81.45	10.69
菲律宾	3468.42	3252.09	334.70	9.65	1060.09	30.56	2073.63	59.79
新加坡	3732.17	66188.76	1.00	0.03	917.75	25.26	2591.99	69.45
泰国	5065.14	7295.47	411.64	8.13	1766.20	34.87	2891.44	57.09
越南	2452.14	2566.60	360.02	14.68	839.42	34.23	1008.27	41.12

资料来源：世界银行、东盟秘书处。

表 6 – 3 2019 年东盟十国生产总值和三次产业情况

2019 年	生产总值（亿美元）	人均生产总值（美元）	农业（亿美元）	占比（%）	工业（亿美元）	占比（%）	服务业（亿美元）	占比（%）
文莱	134.69	31085.77	132.80	98.60	84.21	62.52	24.24	18.00
柬埔寨	270.89	1643.10	56.11	20.71	95.67	35.32	105.24	38.85
印度尼西亚	11190.00	4134.86	1355.00	12.11	9124.66	81.54	710.34	6.35
老挝	181.74	2534.92	56.18	30.91	56.18	30.91	77.51	42.65
马来西亚	3647.02	11414.85	265.41	7.28	1364.71	37.42	1975.59	54.17
缅甸	760.86	1407.82	——	——	——	——	——	——
菲律宾	3767.96	3485.09	332.48	8.82	1136.64	30.17	2298.83	61.01
新加坡	3720.63	65233.37	1.05	0.03	911.24	24.49	2618.58	70.38
泰国	5436.50	7808.19	435.15	8.00	1815.95	33.40	3185.41	58.59
越南	2619.21	2715.27	356.10	13.60	903.37	34.49	1090.59	41.638

资料来源：世界银行、东盟秘书处。

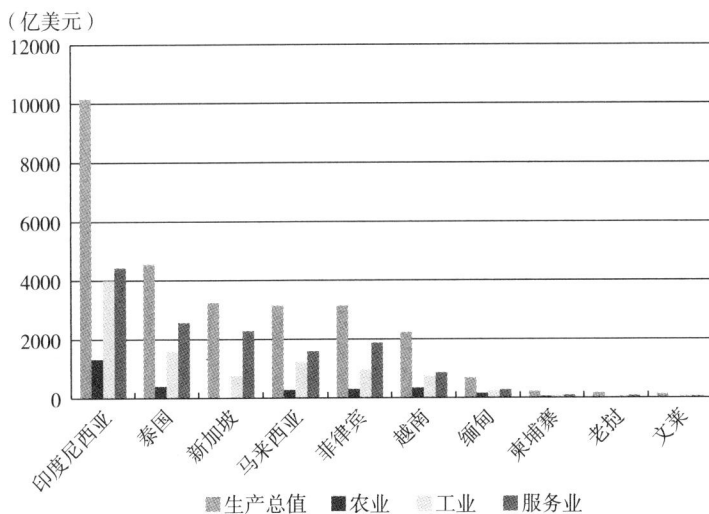

图 6 – 1 2017 年东盟十国 GDP 和三次产业发展对比情况

（美元）

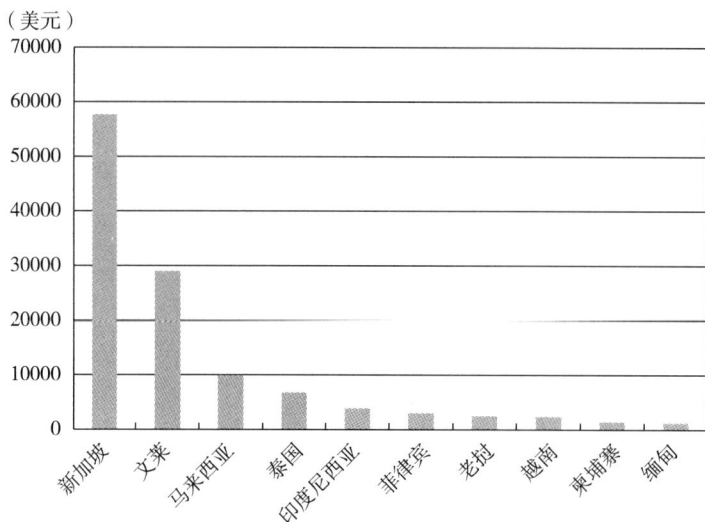

图 6 - 2   2017 年东盟十国人均 GDP 对比分析图

1. 各国经济发展水平差距明显，发展不平衡

从经济总量来看，印度尼西亚遥遥领先，紧接着是泰国，往下是新加坡、马来西亚、菲律宾以及越南，缅甸、柬埔寨、老挝、文莱远远落后于其他国家。根据人均 GDP 可以发现，新加坡人均 GDP 位于前列，经济发展水平高，文莱紧随其后，而 GDP 总量最高的印度尼西亚，在国内人口庞大的情况下，人均 GDP 并不占优势，缅甸、柬埔寨、老挝人均 GDP 依然落后于他国。综上所述，可以将十个国家分为三个梯队，新加坡、泰国、马来西亚位列第一梯队，经济发展水平领先其他国家，第二梯队为文莱、越南、菲律宾、印度尼西亚，第三梯队为缅甸、柬埔寨、老挝。从发展水平来看，第三梯队差距拉开最大，远远低于第一、第二梯队。

2. 产业发展水平差异大，和经济梯度同步

从三次产业结构来看，第一梯度中的新加坡、马来西亚、泰国都是服务业占比最大，特别是新加坡，服务业占比达 70% 左右，同时菲律宾服务业也在

GDP 中占比最高。其余国家工业占比相近，与服务业拉开差距不大。还有一个明显的特点是第三梯队的缅甸、柬埔寨、老挝农业占比最高，农业均为其支柱产业。

二、东盟十国 2013 年至 2019 年经济数据分析

1. 文莱经济数据分析

文莱 2013～2019 年 GDP 发展呈下降的趋势，农业生产总值则是先上升再下降再上升，工业的生产总值随着国民生产总值的趋势有较大的波动，服务业的生产总值则趋于稳步下滑。从产业占比来看，文莱的第一产业占比呈现增长趋势，第二产业呈现平缓下降的趋势，在 2013～2019 年 7 年间从 70.02% 下降到 62.52%，第三产业则是在 18% 上下浮动。

表 6-4 2013～2019 年文莱生产总值和三次产业情况

年份	生产总值（亿美元）	人均生产总值（美元）	农业（亿美元）	占比（%）	工业（亿美元）	占比（%）	服务业（亿美元）	占比（%）
2013	180.94	44740.51	123.94	68.50	126.70	70.02	33.52	18.53
2014	170.98	41725.95	147.56	86.30	116.01	67.85	27.44	16.05
2015	129.30	31163.61	142.49	110.20	79.34	61.36	23.02	17.80
2016	114.01	27158.17	137.27	120.40	65.31	57.28	21.75	19.08
2017	121.28	28571.90	131.71	108.60	72.43	59.72	18.00	14.85
2018	135.67	31627.51	138.11	101.80	85.80	63.24	21.46	15.82
2019	134.69	31085.77	132.80	98.60	84.21	62.52	24.24	18.00

资料来源：世界银行。

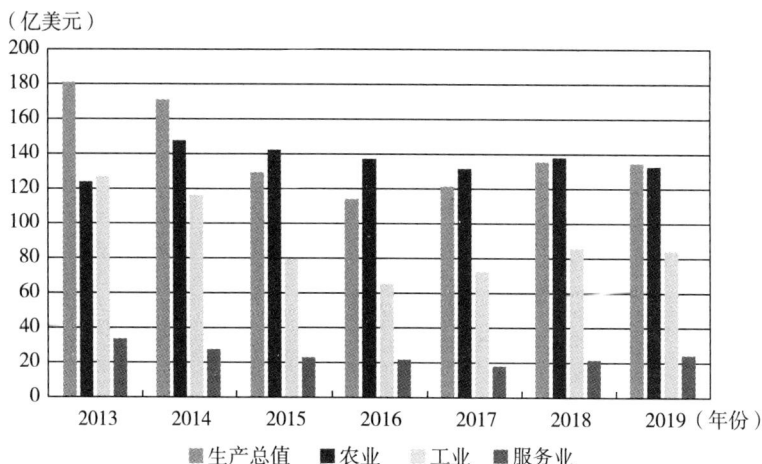

图6-3　2013～2019年文莱生产总值和三次产业情况

2. 柬埔寨经济数据分析

柬埔寨2013～2019年生产总值呈现不断上升的趋势，在2013至2019年7年间增长了118.61亿美元，增速为77.89%。第一产业平稳发展，由2013年的48.12亿美元发展成2019年的56.10亿美元。而第二、第三产业的生产总值也是逐步增长，其中第二产业的生产总值增长趋势比第三产业的增长趋势更快。在这7年间，第二产业的增速是233.04%，第三产业的增速是75.85%。由此可见柬埔寨的生产总值的大幅提升主要来源于第二产业的增长。

表6-5　2013～2019年柬埔寨生产总值和三次产业情况

年份	生产总值（亿美元）	人均生产总值（美元）	农业（亿美元）	占比（%）	工业（亿美元）	占比（%）	服务业（亿美元）	占比（%）
2013	152.28	1013.42	48.12	31.60	36.65	24.07	58.64	38.51
2014	167.03	1093.52	48.22	28.87	42.77	25.61	66.31	39.70
2015	180.50	1162.91	47.98	26.58	49.96	27.68	71.89	39.83

年份	生产总值（亿美元）	人均生产总值（美元）	农业（亿美元）	占比（%）	工业（亿美元）	占比（%）	服务业（亿美元）	占比（%）
2016	200.17	1269.61	49.52	24.74	59.37	29.45	79.85	39.89
2017	221.77	1385.25	51.80	23.36	68.42	30.85	88.09	39.72
2018	245.72	1512.14	54.08	22.01	79.34	32.29	97.06	39.50
2019	270.89	1643.10	56.10	20.71	92.42	34.23	105.24	38.85

资料来源：世界银行。

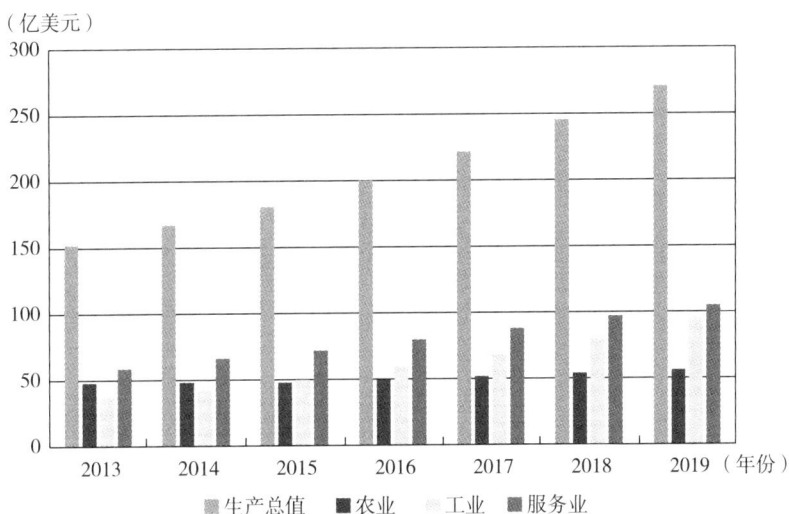

图 6-4　2013～2019 年柬埔寨生产总值和三次产业情况

3. 印度尼西亚经济数据分析

印度尼西亚的生产总值主要来源于第二产业。印度尼西亚 2013～2019 年生产总值呈现先下降后上升的趋势，第一、第三产业平稳发展，第三产业的发展有细微的变化，然而总体上趋于平缓。而第二产业的生产总值则是平稳发展，2018 年同比增长为 6.43%。

表 6 - 6   2013～2019 年柬埔寨生产总值和三次产业情况

年份	生产总值（亿美元）	人均生产总值（美元）	农业（亿美元）	占比（%）	工业（亿美元）	占比（%）	服务业（亿美元）	占比（%）
2013	9125.24	3623.91	1083.00	11.87	3890.61	42.64	579.54	6.35
2014	8908.15	3491.63	1129.00	12.67	3735.04	41.93	570.75	6.41
2015	8608.54	3331.69	1171.00	13.60	3447.54	40.05	531.41	6.17
2016	9318.77	3562.84	1211.00	13.00	3663.06	39.31	537.32	5.77
2017	10160.00	3839.09	1258.00	12.38	3999.42	39.36	580.54	5.71
2018	10420.00	3892.95	1307.00	12.54	4140.60	39.74	688.87	6.61
2019	11190.00	4134.86	1355.00	12.11	—	—	710.34	6.35

资料来源：世界银行。

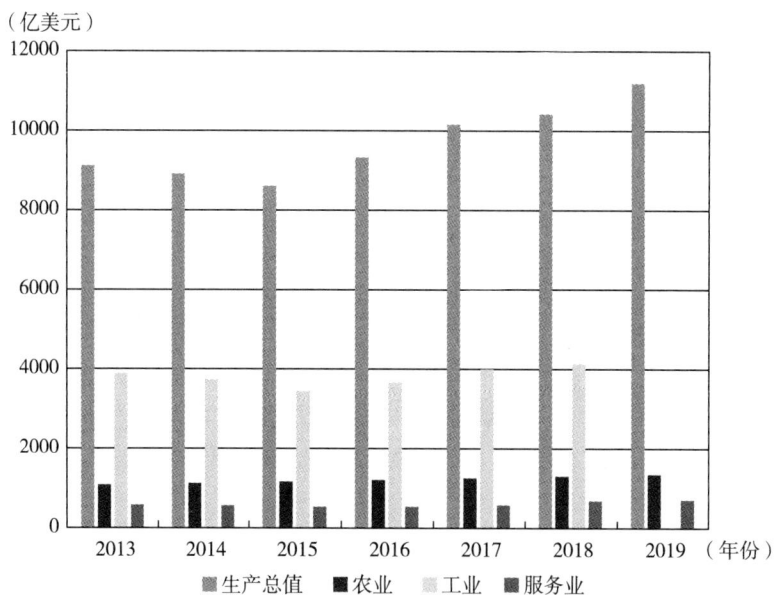

图 6 - 5   印度尼西亚 2013～2019 年生产总值情况

4. 老挝经济数据分析

老挝 2013～2019 的生产总值逐年上升，其中第一产业和第三产业平稳发展，并处于一个持平的状态，第二产业所占比重则是不断增加，由 2013 年的 30.43% 发展成 2018 年的 31.53%。

表 6 - 7   2013 ~ 2019 年老挝生产总值和三次产业情况

年份	生产总值（亿美元）	人均生产总值（美元）	农业（亿美元）	占比（%）	工业（亿美元）	占比（%）	服务业（亿美元）	占比（%）
2013	119.42	1825.63	21.41	27.078	36.34	30.43	50.74	42.492
2014	132.68	1998.27	23.68	27.032	38.23	28.81	58.59	44.158
2015	143.90	2134.65	25.31	28.141	39.85	27.69	63.56	44.169
2016	158.06	2308.85	27.23	28.763	45.46	28.76	67.14	42.477
2017	168.53	2423.83	27.30	27.562	52.10	30.91	69.99	41.528
2018	179.54	2542.52	28.20	26.862	56.61	31.53	74.70	41.608
2019	181.74	2534.92	27.78	26.437	56.17	30.91	77.51	42.653

资料来源：世界银行。

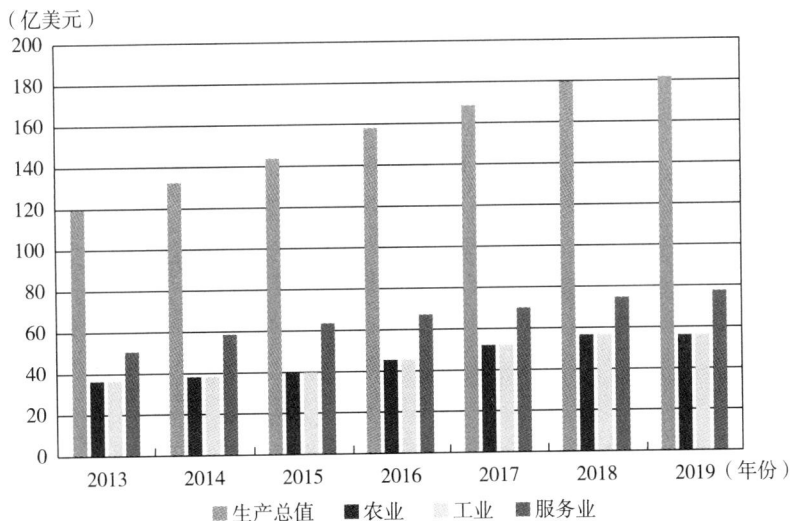

图 6 - 6   2013 ~ 2019 年老挝生产总值和三次产业情况

5. 马来西亚经济数据分析

马来西亚 2013～2019 年生产总值一直处于较高的水平，虽然在 2015 年、2016 年略有回落，但是总体呈朝上发展趋势。第一产业平稳且缓慢发展，第二、第三产业在总的生产总值占比较大，是生产总值的主要来源。

表 6-8　2013～2019 年马来西亚生产总值和三次产业情况

年份	生产总值（亿美元）	人均生产总值（美元）	农业（亿美元）	占比（%）	工业（亿美元）	占比（%）	服务业（亿美元）	占比（%）
2013	3232.77	10970.12	294.61	9.11	1289.40	39.89	1648.76	51.00
2014	3380.62	11319.08	299.97	8.87	1349.69	39.93	1730.96	51.20
2015	3013.55	9955.25	249.75	8.29	1158.70	38.45	1605.10	53.26
2016	3012.55	9817.73	254.94	8.46	1135.23	37.68	1622.38	53.86
2017	3189.58	10254.23	274.66	8.61	1216.22	38.13	1698.70	53.26
2018	3585.82	11373.23	270.26	7.53	1373.25	38.30	1942.31	54.17
2019	3647.02	11414.85	265.41	7.28	1364.71	37.42	1975.59	54.17

资料来源：世界银行。

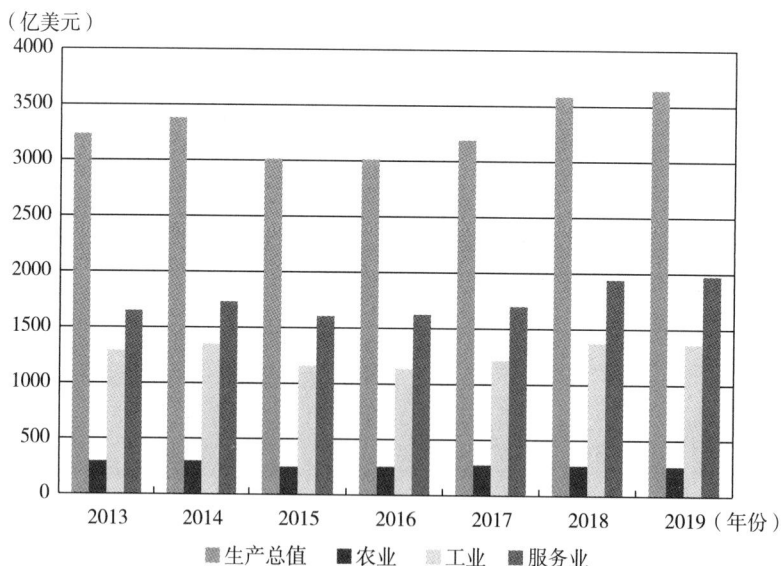

图 6-7　2013～2019 马来西亚年生产总值和三次产业情况

6. 缅甸经济数据分析

缅甸 2013~2019 年的生产总值呈不断增长的趋势，虽然在 2016 年时稍有回落，但是总体是不断增长的。第一产业平稳发展，第三产业波动不大，但是

表 6-9　2013~2019 年缅甸生产总值和三次产业情况

年份	生产总值（亿美元）	人均生产总值（美元）	农业（亿美元）	占比（%）	工业（亿美元）	占比（%）	服务业（亿美元）	占比（%）
2013	602.70	1162.34	178.00	29.54	195.05	32.36	229.65	38.10
2014	654.46	1251.82	182.14	27.83	225.72	34.49	246.60	37.68
2015	678.23	1287.43	181.32	26.73	205.74	30.34	291.17	42.93
2016	671.84	1266.54	167.41	24.92	221.59	32.99	282.84	42.09
2017	689.46	1291.54	158.59	23.00	242.15	35.12	288.72	41.88
2018	761.68	1418.18	162.65	21.35	229.96	30.19	369.07	48.46
2019	760.86	1407.82	—	—	—	—	—	—

资料来源：世界银行。

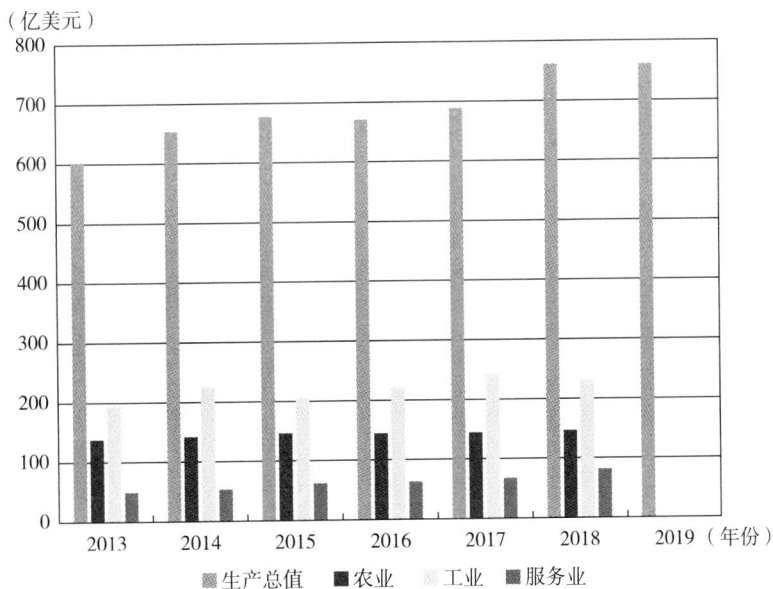

图 6-8　2013~2019 年缅甸生产总值和三次产业情况

正在缓慢地向上增长，第二产业则是不断波动，但是波动程度较小。2019年的生产总值与2013年相比，增加了158.16亿美元，增速为26.24%。缅甸的经济结构在不断地调整优化，第三产业发展势头良好。

7. 菲律宾经济数据分析

通过菲律宾近7年经济数据对比发现，第三产业发展态势较好，第一产业占比相对来说较小，第二第三产业比重较大，地区生产总值主要由第二、第三产业构成。第三产业由2013年的396.56亿美元发展至689.01亿美元，增长了292.45亿美元，增速为73.75%。2019年的第三产业同比上年增长了37.16亿美元，增长率为5.7%。

表6-10　2013～2019年菲律宾生产总值和三次产业情况

年份	生产总值（亿美元）	人均生产总值（美元）	农业（亿美元）	占比（%）	工业（亿美元）	占比（%）	服务业（亿美元）	占比（%）
2013	2839.03	2871.43	354.12	12.473	845.84	30.775	1611.18	56.751
2014	2974.84	2959.65	365.06	12.272	891.72	31.047	1686.17	56.681
2015	3064.46	3001.04	336.98	10.996	904.56	30.482	1793.38	58.522
2016	3186.27	3073.65	325.16	10.205	937.51	30.286	1896.12	59.509
2017	3284.81	3123.24	334.49	10.183	954.46	30.127	1960.70	59.690
2018	3468.42	3252.09	334.71	9.650	1017.45	30.564	2073.63	59.786
2019	3767.96	3485.09	332.50	8.824	1136.64	30.166	2298.83	61.010

资料来源：世界银行。

8. 新加坡经济数据分析

新加坡的生产总值处于一个较高的发展水平，而且它的产业结构也非常完整，侧重于第二、第三产业，农业对于生产总值的贡献较低。2019年，新加

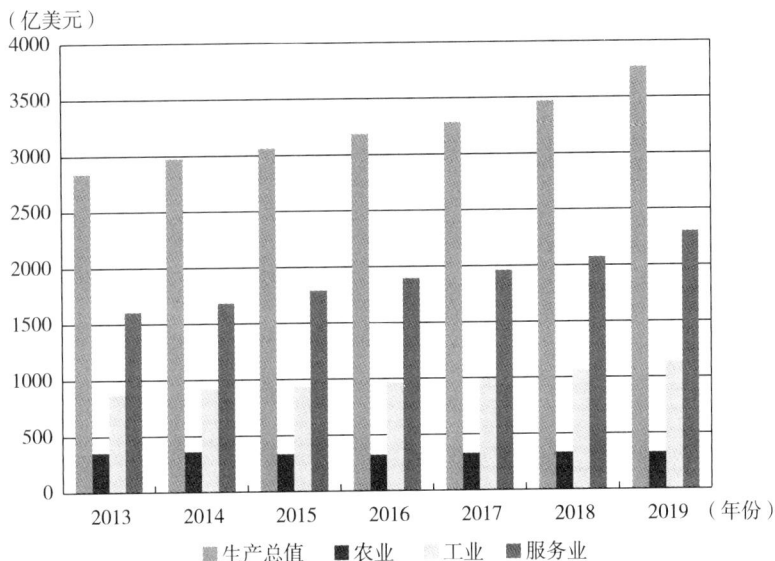

（亿美元）

图 6 - 9 2013~2019 年菲律宾生产总值和三次产业情况

坡实现地区生产总值（GDP）3720.63 亿美元，比上年减少了 0.31%。其中，第一产业增加值为 0.05 亿元，增长 5%；第三产业增加值为 7.1 亿元，增长 0.18%。

表 6 - 11 2013~2019 年新加坡生产总值和三次产业情况

年份	生产总值 （亿美元）	人均生产总值（美元）	农业 （亿美元）	占比 （%）	工业 （亿美元）	占比 （%）	服务业 （亿美元）	占比 （%）
2013	3075.76	56967.36	0.97	0.03	721.12	23.45	2161.42	70.75
2014	3148.51	57562.50	1.00	0.03	760.98	24.17	2194.26	70.34
2015	3080.04	55646.59	1.00	0.03	748.09	24.29	2126.19	69.95
2016	3186.52	56828.24	1.01	0.03	743.47	23.33	2169.87	70.65
2017	3418.63	60913.68	1.01	0.03	798.61	23.36	2281.46	70.51
2018	3732.17	66188.76	1.01	0.03	917.75	25.26	2591.99	69.45
2019	3720.63	65233.37	1.06	0.03	911.24	24.49	2618.58	70.38

资料来源：世界银行。

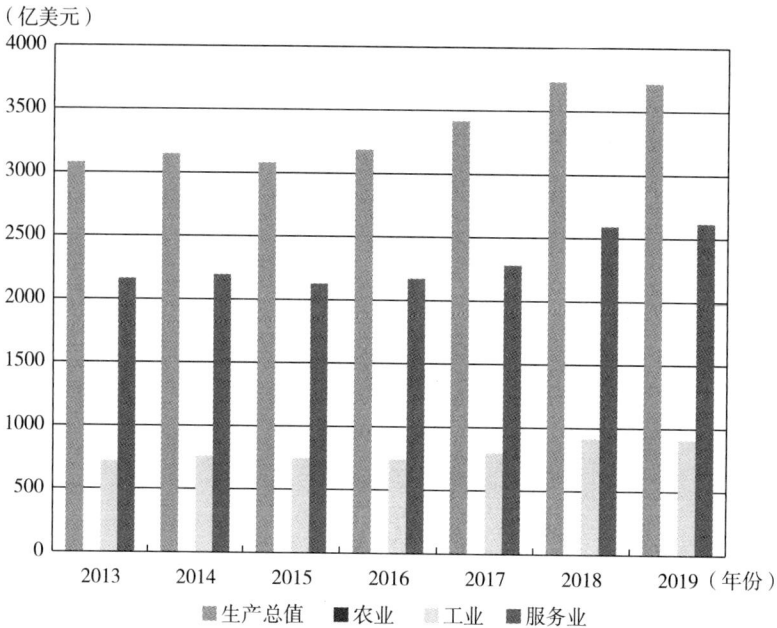

图 6 - 10　2013～2019 年新加坡生产总值和三次产业情况

9. 泰国经济数据分析

泰国的生产总值呈现出先下降再上升的趋势,其中农业的发展较为缓慢,第二产业的生产总值也呈现出先下降再上升的趋势,但是总体是向上增长的,第三产业则是不断增长,2013～2019 年,第三产业的生产总值增长了 385.65 亿美元,增长率为 37.73%。

表 6 - 12　2013～2019 年泰国生产总值和三次产业情况

年份	生产总值 (亿美元)	人均生产总值 (美元)	农业 (亿美元)	占比 (%)	工业 (亿美元)	占比 (%)	服务业 (亿美元)	占比 (%)
2013	4203.33	6168.26	475.91	11.322	1554.35	36.899	2176.44	51.779
2014	4073.39	5951.88	410.96	10.089	1500.47	36.763	2164.93	53.148
2015	4012.96	5756.28	356.06	8.873	1455.10	36.179	2205.04	54.948

续表

年份	生产总值 （亿美元）	人均生产总 值（美元）	农业 （亿美元）	占比 （%）	工业 （亿美元）	占比 （%）	服务业 （亿美元）	占比 （%）
2016	4134.30	5994.23	350.46	8.477	1473.80	35.585	2312.64	55.938
2017	4562.95	6592.92	383.32	8.401	1605.99	35.053	2580.17	56.546
2018	5065.14	7295.47	411.64	8.127	1766.20	34.788	2891.44	57.085
2019	5436.50	7808.19	435.15	8.004	1815.95	33.403	3185.41	58.593

资料来源：世界银行。

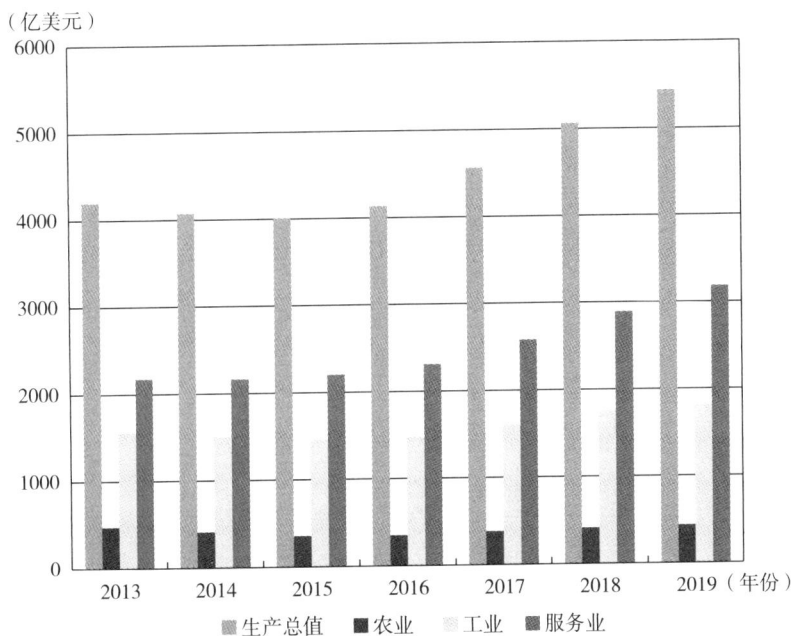

图 6-11　2013~2019 年泰国生产总值和三次产业情况

10. 越南经济数据分析

越南的生产总值呈现不断上升的趋势，2013~2019 年，由 1712.22 亿美元发展为 2619.21 亿美元，增长了 906.99 亿美元，增速为 52.97%。第二产业也是不断增长，由 2013 年的 568.29 亿美元发展至 2018 年的 839.42 亿美元。

表 6 - 13　2013～2019 年越南生产总值和三次产业情况

年份	生产总值（亿美元）	人均生产总值（美元）	农业（亿美元）	占比（%）	工业（亿美元）	占比（%）	服务业（亿美元）	占比（%）
2013	1712.22	1886.67	307.58	17.964	568.29	33.190	663.25	38.736
2014	1862.05	2030.27	329.56	17.699	618.47	33.214	726.87	39.036
2015	1932.41	2085.10	328.36	16.992	642.53	33.250	767.80	39.733
2016	2052.76	2192.21	335.01	16.320	671.56	32.715	840.09	40.925
2017	2237.80	2365.62	343.39	15.345	747.41	33.399	922.99	41.260
2018	2452.14	2566.60	360.02	14.682	839.42	34.232	1008.27	41.118
2019	2619.21	2715.27	356.10	13.596	903.37	34.490	1090.58	41.638

资料来源：世界银行。

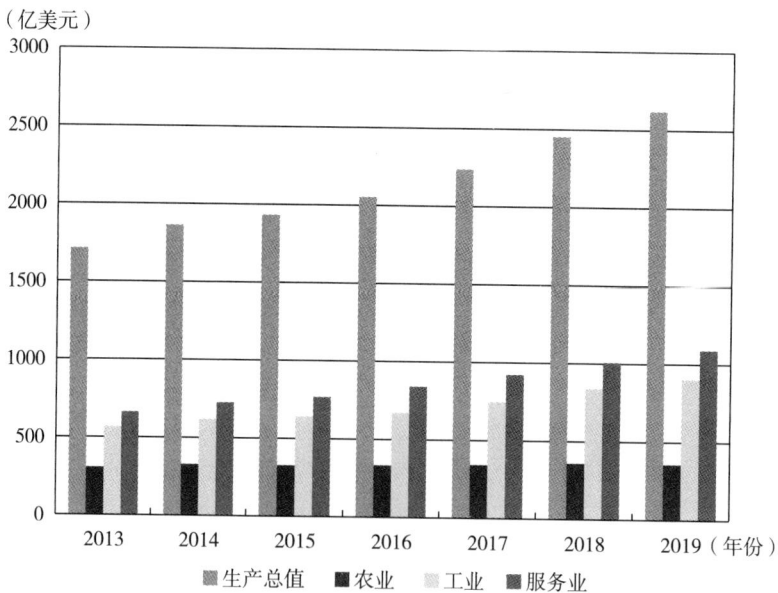

图 6 - 12　2013～2019 年越南生产总值和三次产业情况

第二节 各国产业特征分析

一、东盟十国主导产业概述

1. 文莱主导产业

油气产业。文莱是东南亚国家中重要的油气出口国，它的石油产量在东南亚始终维持在前三名，油气产量牢牢占据着全球第四的位置。天然气和石油是文莱国内唯一的经济支柱产业，油气收入占据了 GDP 的 2/3。文莱 90% 的油气全部依靠 7 个海上油田，长期以来文莱的油气收入主要依赖初级产品的大规模出口，下游产业并未得到有力的发展，油气下游高附加值产品存在严重的空白。

2. 柬埔寨主导产业

（1）农业。农业一直是柬埔寨的重要支柱产业，柬埔寨的国家政策中对农业的发展十分受关注。柬埔寨人均耕地面积 6 亩多（世界人均耕地面积 4 亩），大米每年总产量增长幅度 8%，是农产品的主要商品。

（2）旅游业。在柬埔寨的支柱产业中旅游业排名第二，旅游业对柬埔寨的经济贡献值超过 10%，由旅游业带动的相关产业对国内经济的贡献值接近 40%。其中吴哥窟在世界上负有盛名，是柬埔寨的第一旅游胜地，每年为柬埔寨带来大量游客。

（3）建筑业与房地产业。建筑业与房地产业，柬埔寨是中国"一带一路"的节点站，随着"一带一路"的发展，大量投资开发商涌入柬埔寨，房地产业拉动了柬埔寨整个国家的 GDP。

（4）制衣业。制衣业在柬埔寨的制造业中占据主要比重，该行业占全球商品出口的1/2，并且在持续发展。

3. 印度尼西亚主导产业

（1）加工制造业。加工制造业是印度尼西亚的支柱产业，对税收贡献最大，出口额占比最高。据印度尼西亚工业部统计，2019年，该行业产值占全国GDP的19.7%，出口额为1265.7亿美元，同比增长1.25%，占了印度尼西亚出口商品总额的75.5%。纺织服装业是印度尼西亚加工制造业的重要组成部分，印度尼西亚是世界上十大纺织服装生产国和出口国之一，纺织服装业对国民经济的贡献度极高，纺织品主要出口美国、欧盟和日本。此外，制鞋业也是印度尼西亚的工业支柱之一，鞋子市场广阔，需求量大，人流量大。

（2）采矿业。矿业是印度尼西亚的国民经济支柱产业，其产值对GDP的贡献率达10%（世界银行网站数据）。矿业中主要包含煤炭以及镍、铁、锡、金等金属矿产品，它们的出口牢牢占据国际市场的重要地位。印度尼西亚是世界上最大的镍矿生产国之一和全球最大的煤炭出口国。

（3）农业。印度尼西亚有60%的农业人口，农业是印度尼西亚的支柱产业。印度尼西亚是世界第五大农产品生产国。在赤道地区，印度尼西亚拥有丰富的光照和雨水，满足农业发展的需求。现在，印度尼西亚是世界上最大的棕榈油生产国，也是咖啡、茶叶、橡胶的主要生产地。

（4）旅游业。旅游业是印度尼西亚大量发展的支柱产业，为国内经济创造了大量外汇收入。印度尼西亚中央统计局日前公布的最新数据显示，2018年印度尼西亚共接待1581万人次外国游客，较上年增长了12.58%。

4. 老挝主导产业

（1）矿产业。矿产资源是老挝国家财政收入的第一支柱产业，矿业曾给老挝政府提供了超过23%的税收收入。老挝目前有超过160个项目正在勘察。

（2）旅游业。旅游业是老挝除矿产业外的国内第二大支柱产业。老挝的旅游业增长迅速，1990 年游客数量仅有 1.4 万，2015 年游客数量已达 460 万，同时旅游带动的经济收入 2015 年达到 7.25 亿美元，是 2010 年的 322 倍。2018 年，老挝旅游年的启动极大地推动了经济的强劲增长。

（3）农业。农业是老挝的传统支柱产业，老挝的成年劳动力中从事农业生产的超过一半以上。老挝由于地理优势具备丰富的农业资源，不断地吸引外商投资，2019 年，农产品出口 5.6 亿美元，对 GDP 贡献达 3%。

5. 马来西亚主导产业

（1）建筑业。建筑业是马来西亚的重要支柱产业，在"第十一个马来西亚计划"中政府对公共交通和基础建设项目投入高达 400 亿美金，其中马新高铁、槟城交通基建、泛婆罗洲大道合占 220 亿美金。

（2）采矿采石业。马来西亚的矿石业以石油、天然气、锡开采为主，采矿采石业连续 3 年增长超过 4%。

（3）制造业。马来西亚的制造业主要集中在汽车工业，马来西亚是东盟唯一拥有自主品牌汽车的国家，汽车制造业位列全球 20 强。马来西亚是世界上最大的乳胶和橡胶出口国之一，钢铁和造船工业居东盟首位。

（4）航运业。马来西亚巴生港是东盟第二大航运港，依托"黄金水道"马六甲海峡将出口货物运往世界各地

6. 缅甸主导产业

（1）农业。农业是缅甸国民支柱经济产业，包括种植业、林业、牧业、渔业。水稻产值占缅甸农业总产值超过 40%，是最主要的农作物。此外豆类作物是缅甸第二大类作物和第一大类出口农产品，芝麻产量世界第一。

（2）矿产业。主要集中在宝石开采、加工、销售。缅甸是全球最大的翡翠出产国，同时还盛产红宝石等。

7. 菲律宾主导产业

（1）服务业。服务业对国民经济的贡献值最大，2019 年 GDP 占比达

61%。在服务业占主要支柱地位的是 BPO（服务外包）和劳务输出服务，2016 年菲律宾国内上千家 BPO 公司产值达 255 亿美元，外劳汇款约 279 亿美元。BPO（服务外包）和劳务输出服务是菲律宾的特色产业模式。

（2）农业。农业是菲律宾经济的重要组成部分，农业人口占总人口超过 2/3，椰子、甘蔗、马尼拉麻和烟草是菲律宾的四大经济作物。

（3）旅游业。旅游业是菲律宾的重要产业之一。国内自然风光迤逦，加上曾受殖民统治，兴建大量建筑，所以旅游资源丰富。

8. 新加坡主导产业

（1）服务业。新加坡以服务业为主导产业，服务业占 GDP 比重约为 70%，主要产业类型为商业服务业、批发零售业和金融保险业。金融服务业已经成为新加坡服务业中经济附加值最高的产业。作为国际金融中心，新加坡的金融服务产业具有良好的声誉和权威性。

（2）制造业。新加坡制造业占 GDP 比重约为 30%，主要以电子信息制造和化工产业为主。电子业是新加坡的支柱产业，占本国制造业产值的 26%，依托强大的知识密集型制造业，新加坡已经成为电子领域的卓越中心。此外，新加坡也是亚洲地区的石油定价中心，炼油产业排世界第三。

（3）旅游业。新加坡有"亚洲旅游王国"的美称，旅游业是其重要的经济来源。新加坡的旅游产业发展迅速，2017 年游客数量达 1740 万人，比 2016 年增长 6.2%；2017 年旅游带来的收益约 268 亿新币，比 2016 年增长 3.9%。2017 年的游客数量和收益创新纪录。

（4）物流运输业。新加坡的物流运输也十分发达，得益于其东南亚中心和航海枢纽的地理优势，地理位置的优势使新加坡成为物流枢纽重地和世界贸易要塞。新加坡是集海、陆、空、仓储为一体的全方位综合物流枢纽中心，海上和空中网络连接亚洲和世界各地，以海空联运为主的国际中转多式联运业务发达。新加坡有 10 多万人从事物流行业工作，每年为 GDP 贡献 7% 左右。

9. 泰国主导产业

（1）制造业。泰国制造业基础扎实，纺织服装业和汽车产业是其支柱产业，其中纺织服装业在泰国制造业占比最大，国内共有4500家工厂，该产业创造的GDP占整个泰国GDP的17%。此外，泰国保持东南亚汽车制造中心地位，同时在东盟汽车市场中占据重要位置。

（2）农业。农业是泰国的传统经济产业，泰国被赋予"东南亚粮仓"的美名，农产品在泰国的十大出口商品中占据六席，占出口总值40%，是亚洲唯一的粮食净出口国，同时也是世界上最大的稻谷和橡胶出口国。

（3）旅游业。泰国的旅游业带动着整个服务业的发展，旅游业收入对GDP的贡献达10%。

10. 越南主导产业

（1）农业。农业是越南的传统经济产业，作为农业国家，越南农产品对外部市场依赖较大。2018年蔬果出口同比增长12.6%。中国仍是越南蔬果产品最大出口国，占市场份额的74%，出口额约14.7亿美元，同比增长18%。

（2）制造业。越南的制造业是其支柱产业，主要包括油气、电力、汽车工业和纺织加工业。越南加工制造业是最吸引外资企业关注的领域。外资企业对该领域的投资资金达79.1亿美元。越南产业结构转型迅速，加工制造业成为优势产业，这主要得益于越南相对丰厚的劳动人口红利。在越南的货物出口结构中，电器、服装纺织品、机械与鞋类是最主要的出口产品，约占越南总出口的56%。

（3）旅游业。近年来，越南旅游业持续发展，已经成为越南新的经济增长点。越南旅游业2018年的收入达到620万亿越南盾（267.5亿美元），与2017年相比，增长了1100亿越南盾（47.5亿美元）。自2010年以来，外国游客人数从500万呈3倍增长速度，2018年外国游客人数达到1500多万。

二、产业特征分析

整理东盟的各个国家主导产业分布如表 6 – 14 所示。

表 6 – 14　东盟主导产业分布情况

国家	农业	旅游业	建筑与房地产	纺织制衣	制鞋	航运	汽车工业	金融	电子信息	电力	服务外包	劳务输出	矿业(油气、宝石)	商品服务	批发零售
文莱													√		
柬埔寨	√	√	√	√											
印度尼西亚	√	√			√								√		
老挝	√	√											√		
马来西亚						√	√						√		
缅甸	√												√		
菲律宾	√	√									√	√			
新加坡		√				√		√	√				√	√	√
泰国	√	√		√			√						√		
越南	√	√					√			√			√		
合计	7	7	2	3	1	2	3	1	1	1	1	1	7	1	1

总结东盟各国的主导产业分布情况，可以发现如下特点：

1. 产业发展趋向于同质化，特色产业发展不足

根据统计结果可以发现，旅游业、农业、矿业出现频率极高，由于东南亚各国民族文化特色明显，旅游产业发展可观，同时东南亚由于地理位置的优势矿产资源丰富，绝大多数国家依靠矿业成为经济支柱。农业主要集中于第三梯队的缅甸、柬埔寨、老挝，虽然地理环境的优势使得农业发展良好，但明显的是三个国家并没有鲜明的特色产业，且农业均集中于水稻种植业。虽然产业集聚有利于形成东盟特色产业，但是同质化的产业会带来恶性竞争，影响经济发

展，从而与新加坡、马来西亚等具有特色产业的国家经济差距愈来愈大。

2. 产业结构薄弱，发展水平较低，效益低下

可以发现的是，除了新加坡，越南产业发展较为多元化之外，各个国家的产业结构均比较单一。各国支柱产业主要集中在 3～4 个，且大部分集中于传统产业，经济效益水平不高，一旦某一个行业不景气，受连锁效应就会影响到整个地区经济。同时高新技术产业严重缺乏，经济结构发展明显不优。

三、主要原因分析

1. 缺乏建设资金

东南亚地区大部分国家都存在基础设施薄弱的问题，主要集中在交通和住宿方面，极大地影响了贸易与旅游业的发展。东南亚各国产业产品均集中在原产品出口、油气化产业方面，工业发展相对落后，急需经济转型。而东南亚各国基础设施建设速度缓慢，产业结构优化见效不明显的原因是大量建设资金，目前东南亚国家的投资吸引力度小，融资存在较大的困难。

2. 缺乏统一协调规划

东南亚各个国家几乎都面临着产业结构不合理的难题，绝大部分国家经济集中于农业发展，工业发展相对落后，而传统的农业发展对提高国家建设和改善贫困生活助力相对不高。此外，东盟各国普遍存在出口产品种类少，竞争力弱，同质化竞争问题突出的情况。同时出口的主要产品具有低附加值的特点，易被替代也易受国际市场影响。究其原因，主要是缺乏统一的协调规划。

3. 忽视生态环境保护

虽然东南亚各国具有环境的天然优势，旅游业发展迅速，但由于过分注重经济效益而很少考虑到环境问题，导致了风景区的过度开发和生态环境的严重破坏。部分国家矿产丰富，粗矿和不合理的矿业开发引致了生态问题。部分国家为了改善基础设施有时为了吸引外资而忽视环保问题，导致环境风险上升，

同时环境问题又制约产业转型升级，影响可持续发展。

四、解决思路

1. 加强中国—东盟贸易往来

随着"一带一路"倡议推进，越来越多的中国投资者将市场开发的主要精力投入到沿线国家，东盟国家可抓住"一带一路"提供新的融资机遇，以中国—东盟自贸区为平台开展贸易合作。

2. 推动产业结构多元化和转型升级

依靠东盟经济共同体，加强东南亚国家间的沟通往来，整合区域经济，推动产业特色化发展，不断培育新的支柱产业。

3. 绿色金融协调经济与环境发展

东盟经济转型需要大量绿色投融资，为了使东盟经济迈入可持续发展轨道，依靠绿色金融进行经济绿色转型是行之有效的手段。

第七章 北部湾城市群基本情况和 东盟相关比较分析

第一节 北部湾城市群概述

城市群是一国经济增长的主要驱动力,作为中国面向东盟的"桥头堡"地区,北部湾城市群的建设被提上日程。2017年1月国务院批复同意建设北部湾城市群,规划范围涉及广西壮族自治区、广东省和海南省三省,主要城市包括南宁、北海、钦州、防城港、玉林、崇左、湛江、茂名、阳江、海口、儋州、东方、澄迈、临高、昌江15城。北部湾城市群陆域面积达11.66万平方公里,海岸线4234公里,包括相关的海域。作为中国面向东盟合作的重要门户,北部湾城市群的定位是:发挥地缘优势,挖掘区域特质,面向东盟、服务"三南"。

第二节　北部湾城市群经济发展概述

一、北部湾经济概述

通过搜集整理了北部湾城市群 2013～2019 年的经济数据，如表 7－1 所示：

表 7－1　北部湾城市群 2013～2019 年 GDP　　　　单位：亿元

年份 城市群	2013	2014	2015	2016	2017	2018	2019
南宁市	2803.54	3148.32	3410.08	3703.33	4118.83	4026.91	4506.56
茂名市	2184.02	2363.56	2462.76	2657.71	2904.07	3092.18	3252.34
湛江市	2060.01	2258.99	2380.02	2584.43	2806.88	3008.39	3064.72
玉林市	1210.44	1314.52	1445.91	1553.83	1699.54	1615.46	1679.77
海口市	989.49	1091.7	1161.96	1257.67	1390.58	1535.55	1671.93
阳江市	1049.63	1168.55	1250.01	1270.76	1311.45	1167.73	1292.18
钦州市	753.74	854.96	944.42	1102.05	1309.82	1214.32	1356.3
北海市	735	856.54	891.94	1006.98	1229.84	1213.30	1300.8
崇左市	584.63	649.72	682.82	766.2	907.62	1016.49	760.46
防城港市	525.15	588.89	620.71	676.04	741.62	696.82	701.23
澄迈县	204.63	226.81	240.49	256.77	288.74	304.68	85.51
儋州市	200.89	215.16	231.73	257.78	287.63	322.97	357.64
临高县	116.76	135.45	144.52	159.98	176.23	183.8	195.4
东方市	119.58	134.5	144.56	148.31	157.06	184.44	193.08
昌江县	91.06	94.79	90.19	101.17	114.44	121.01	126.32
合计	13628.57	15102.46	16102.12	17503.01	19444.35	19704.05	20544.24

资料来源：各地市统计年鉴。

（亿元）

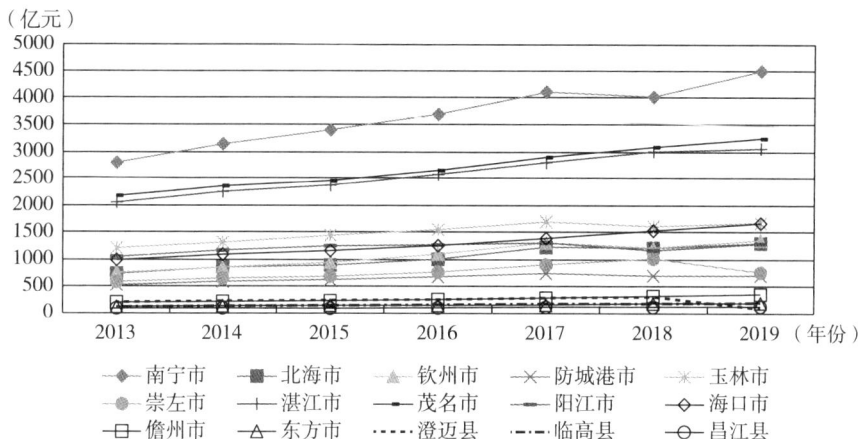

图 7 - 1 北部湾城市群 2013~2019 年 GDP 趋势图

分析北部湾城市群的经济发展趋势可以看出，在北部湾城市群中，经济总量最高的是南宁，紧接着是湛江和茂名，三个城市的 GDP 均超过了 2500 亿元，将这三个城市列为北部湾城市群经济第一梯队。钦州、玉林、阳江、海口、防城港、崇左的 GDP 均达到 500 亿元以上，可列为北部湾城市群经济第二梯队。其余的东方、澄迈、临高、儋州和昌江五个地区的 GDP 均低于 500 亿。近 7 年来，北部湾城市群各个城市的 GDP 处于增长趋势，第一梯队，最为明显，增长速率最快，其次是第二梯队。2019 年，北部湾城市群 GDP 合计达 20544.24 亿元，并且 5 年来的平均增长速率超过 8%。

二、北部湾—东盟经济比较

选取双方 2013~2019 年的经济数据进行比较，如表 7 - 2 所示。

可以看出北部湾城市群的经济总量在东盟各国中虽不占优势，但是它的人均 GDP 却在东盟各国中处于中上游位置。以 2013 年为基期，计算北部湾城市群与东盟各国的同比增长速率如表 7 - 4 所示。

表7-2　北部湾城市群与东盟2013~2019年GDP汇总表　单位：亿元

年份 国家（地区）	2013	2014	2015	2016	2017	2018	2019
印度尼西亚	9125.24	8908.15	8608.54	9322.56	10160.00	10420.00	11190.00
泰国	4203.33	4073.39	4013.99	4117.55	4553.03	5065.14	5436.50
新加坡	3044.54	3115.39	3040.98	3097.64	3239.07	3732.17	3720.63
马来西亚	3232.77	3380.62	2966.36	2967.53	3147.10	3585.82	3647.02
菲律宾	2718.36	2845.85	2927.74	3048.89	3135.95	3468.42	3767.96
北部湾	2198.16	2459.68	2584.61	2636.00	2876.38	2847.80	2969.23
越南	1712.22	1862.05	1932.41	2052.76	2237.80	2452.14	2619.21
缅甸	602.70	654.46	596.87	632.56	670.69	761.68	760.86
柬埔寨	152.28	167.03	180.50	200.17	221.58	245.72	270.89
老挝	119.42	132.68	143.90	158.06	168.53	179.54	181.74
文莱	180.94	170.98	129.30	114.01	121.28	135.67	134.69

资料来源：各地市统计年鉴。

表7-3　北部湾城市群与东盟2013~2019年人均GDP汇总表

单位：美元

年份 国家（地区）	2013	2014	2015	2016	2017	2018	2019
新加坡	56389.085	56957.036	54940.475	55243.281	57722.173	66188.76	65233.37
文莱	44560.458	41521.262	31384.979	27435.523	28985.768	31627.51	31085.77
马来西亚	10662.689	10988.998	9453.262	9301.005	9898.738	11373.23	11414.85
泰国	6300.951	6078.915	5975.427	6104.458	6735.879	7295.47	7808.19
北部湾	4752.483	5251.045	5474.245	5530.219	5994.788	5110.61	—
印度尼西亚	3635.957	3526.998	3346.960	3599.527	3871.560	3892.95	4134.86
菲律宾	2737.369	2852.549	2880.085	2950.433	2991.528	3252.09	3485.09
老挝	1799.407	1949.466	2221.213	2401.915	2530.836	2542.52	2534.92
越南	1907.534	2052.528	2111.316	2216.287	2389.595	2566.60	2715.27
柬埔寨	1037.127	1117.614	1190.856	1257.068	1421.347	1512.14	1643.10
缅甸	1208.631	1275.820	1140.043	1220.820	1228.873	1418.18	1407.82

资料来源：各地市统计年鉴。

表 7 - 4　北部湾城市群与东盟 2013～2019 年 GDP 同比增长情况

单位：亿美元

国家（地区）	年份 2013	2014	2015	2016	2017	2018	2019
柬埔寨	152.28	0.097	0.185	0.314	0.455	0.614	0.779
老挝	119.42	0.111	0.205	0.324	0.411	0.503	0.522
北部湾	2198.16	0.119	0.176	0.199	0.309	0.296	0.350
越南	1712.22	0.088	0.129	0.199	0.307	0.432	0.530
菲律宾	2718.36	0.047	0.077	0.122	0.154	0.222	0.327
印度尼西亚	9125.24	-0.024	-0.057	0.022	0.113	0.140	0.226
缅甸	602.70	0.086	-0.010	0.050	0.113	0.264	0.262
泰国	4203.33	-0.031	-0.045	-0.020	0.083	0.205	0.293
新加坡	3044.54	0.023	-0.001	0.017	0.064	0.213	0.210
马来西亚	3232.77	0.046	-0.082	-0.082	-0.027	0.109	0.128
文莱	180.94	-0.055	-0.285	-0.370	-0.330	-0.250	-0.256

资料来源：各地市统计年鉴。

表 7 - 5　北部湾城市群与东盟 2014～2019 年人均 GDP 同比增长情况

单位：元

国家（地区）	年份 2013	2014	2015	2016	2017	2018	2019
老挝	1799.407	0.083	0.234	0.335	0.406	0.413	0.389
柬埔寨	1037.127	0.078	0.148	0.212	0.370	0.458	0.621
北部湾	4752.483	0.105	0.152	0.164	0.261	0.075	—
越南	1907.534	0.076	0.107	0.162	0.253	0.346	0.439
菲律宾	2737.369	0.042	0.052	0.078	0.093	0.391	0.214
泰国	6300.951	-0.035	-0.052	-0.031	0.069	0.158	0.266
印度尼西亚	3635.957	-0.030	-0.079	-0.010	0.065	0.071	0.141
新加坡	56389.085	0.010	-0.026	-0.020	0.024	0.174	0.145
缅甸	1208.631	0.056	-0.057	0.010	0.017	0.173	0.211
马来西亚	10662.689	0.031	-0.113	-0.128	-0.072	0.067	0.041
文莱	44560.458	-0.068	-0.296	-0.384	-0.350	-0.290	-0.305

资料来源：各地市统计年鉴。

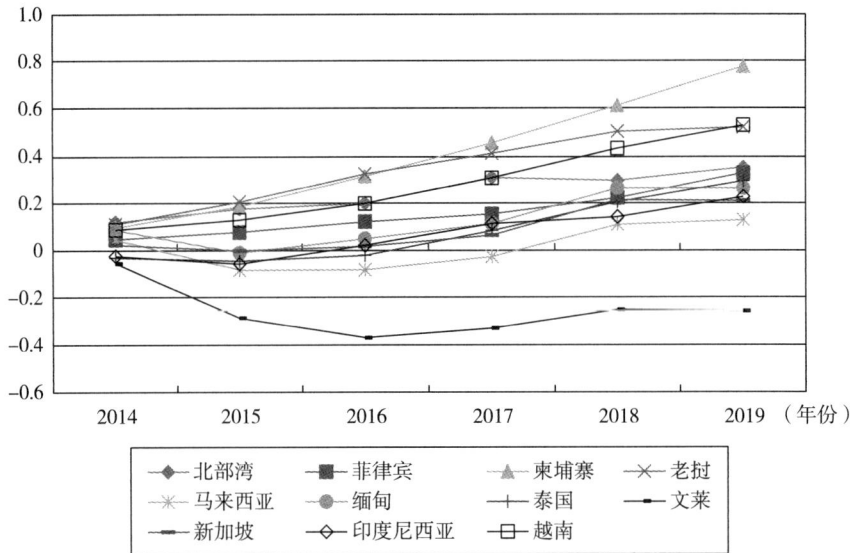

图 7 – 2   北部湾城市群与东盟 2014～2019 年 GDP 同比增长趋势图

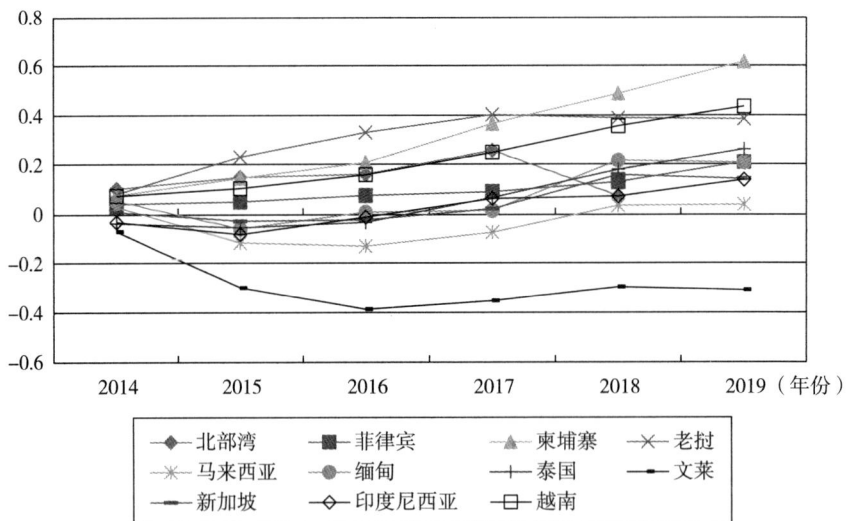

图 7 – 3   北部湾城市群与东盟 2014～2019 年人均 GDP 同比增长趋势图

　　分析北部湾城市群与东盟各国的 GDP 及人均 GDP 同比增长趋势可知，北部湾城市群无论是在 GDP 的同比增长速率方面还是在人均 GDP 的增长方面均处于前三。由此可以看出，北部湾城市群虽然当前经济总量不大，但是它的增长趋势十分明显，且由于北部湾城市群是在 2017 年规划成立，其发展得到了国家的大力支持，又处于国家"一带一路"倡议与中国—东盟贸易合作的重要位置，所以北部湾城市群今后的发展前景十分广阔，与东盟国家的合作也是大势所趋。

第三节　北部湾城市群产业结构分析

一、北部湾城市群产业结构概述

　　根据北部湾城市群各地市经济发展数据，选取 2019 年北部湾城市群各县市的经济发展制成图表进行比较分析，情况如表 7-6 所示：

表 7-6　2019 年北部湾城市群城市生产总值和三次产业情况

单位：亿元

	生产总值	第一产业	第二产业	第三产业
南宁	4506.56	507.27	1044.97	2954.32
北海	1300.8	211.7	577.82	531.28
钦州	1356.3	279.8	451.8	624.7
防城港	701.23	109.42	330.83	260.98
玉林	1679.77	323	469.29	887.48
崇左	760.46	170.2	213.7	376.56
湛江	3064.72	585.24	1055	1424.48

	生产总值	第一产业	第二产业	第三产业
茂名	3252.34	581.6	1124.89	1545.86
阳江	1292.18	247.05	446.07	599.07
海口	1671.93	71.18	276	1324.75
儋州	357.64	134.14	37.94	185.56
东方	193.08	48.45	80.16	64.46
澄迈	85.51	86.9	157.76	99.1
临高	195.4	120.77	13.57	61.05
昌江	126.32	32.31	52.77	41.23

资料来源：各地市统计年鉴。

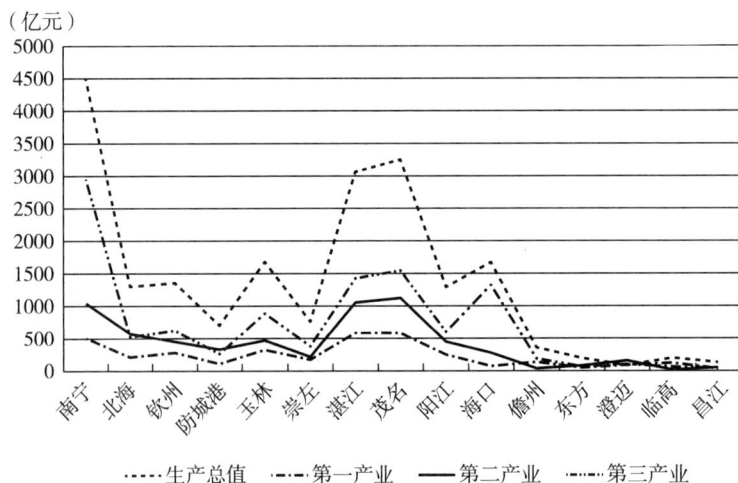

图 7-4　2019 年北部湾城市群各县市经济走势分析图

资料来源：各地市统计年鉴。

分析北部湾城市群各县市的经济结构分析如下：

第一梯队的三个城市的三产业分布结构极为相似，第三产业均为占比最高产业，其次是第二产业。在第二梯队城市中，以及钦州、玉林、防城港和崇左的三大产业中，第二产业占比最大，阳江和海口第三产业占比最大，特别是在海口，第三产业对 GDP 的贡献度达到了 79.23%，主要集中在医药产业。

二、北部湾城市群产业特征分析

通过搜集整理可得北部湾各城市主要产业分布如表 7-7 所示。

表 7-7　北部湾各地市支柱产业分布

	南宁	北海	钦州	防城港	玉林	崇左	湛江	茂名	阳江	海口	儋州	东方	澄迈	临高	昌江	统计次数
电子信息	√	√														2
装备制造	√		√	√				√						√		5
医药	√				√				√							3
石化		√	√	√			√	√			√					6
临港新材料		√														1
能源			√	√											√	3
粮油加工			√													1
造纸			√				√									2
钢铁				√			√									2
有色金属				√												1
食品				√												1
机械制造					√											1
健康食品					√											1
新材料					√											1
服装皮革					√											1
再生资源环保					√											1
林产林化					√											1
新型建材					√											1
陶瓷					√											1
糖业						√										1
矿业						√										1

续表

	南宁	北海	钦州	防城港	玉林	崇左	湛江	茂名	阳江	海口	儋州	东方	澄迈	临高	昌江	统计次数
对外贸易						√										1
红木业						√										1
旅游业						√					√	√				3
农副产业加工								√					√		√	3
矿产资源加工								√					√			2
特色轻工纺织								√								1
医药与健康								√								1
金属加工								√								1
合金材料									√							1
海上风电									√					√		2
热带高效农业										√	√	√		√		4
互联网产业										√						1
低碳制造										√						1
海洋产业										√						1
高新技术产业									√	√	√					3
金融业										√						1
现代服务业											√					1
天然气化工												√				1
石油加工													√			1
石油和天然气开采													√			1
化学品制造业													√			1
战略性新兴产业									√	√						2
电力、热力、燃气生产和供应													√			1
农业综合开发光伏发电														√		1
建材家居															√	1

总结北部湾城市群各县市的产业特征，包括如下内容：

由上表可知，北部湾城市群的产业分布特点之一是覆盖面大、范围广，15个城市的主导产业合计47个。根据产业出现次数的统计结果可知，出现频率最高的产业有：石化、装备制造、医药、能源、旅游、农副产品加工、高新技术产业、热带高效农业。第二个特点是产业区域化明显。石化、装备制造、能源这三大产业主要集中在广西区，分布在钦州、北海、防城港几个城市；旅游、农副产品加工、热带高效农业主要集中在海南。

东盟各国的产业主要集中在旅游业、矿业以及农业，可以看出的是北部湾城市群与东盟的产业存在极大的互补性。同时，石化和热带农业也是北部湾城市群集中发展的产业，双方的产业发展技术可以相互交流、相互促进。

三、北部湾—东盟产业对比分析

由上部分的分析可知，北部湾城市群与东盟的产业发展有巨大的互补关系。东盟国家的产业结构更多的是偏向于以自身资源发展起来的产业，例如，旅游业、矿业以及农业，而北部湾的产业结构更加复杂多样，北部湾对于产业多元化发展方面可以给东盟城市提供经验，或者用自身资源带领东盟国家将产业多元化发展，并且促进产业结构的优化升级。东盟国家则可以提供原料、劳动力甚至场地等和北部湾城市群进行商业合作，吸引北部湾城市群的投资，双方实现共赢。北部湾城市群与东盟的合作可以推动东盟的产业结构走向多元化的转变，同时借助绿色金融的作用可以促进产业结构优化升级。此外，石化与农业均是双方的集中发展产业，同质化的产业在北部湾—东盟进行合作的情况下将会成为双方产业发展技术的交流桥梁，从而达到相互促进的结果。

第八章　北部湾城市群与东盟
绿色金融合作基础

第一节　北部湾城市群对东盟的促进效益

一、政治和制度保障

1. 中国与东盟在发展上的政治意向高度统一

冷战并没有对东盟与中国的后续发展造成影响，中国与东盟的合作关系高速发展。双方合作框架达成共识，相关合作进程进展迅速。

综上可以看出，中国与东盟形成了良好的发展政治意向，这为北部湾城市群与东盟国家的合作提供政治基础与指导方向。

2. 北部湾规划面向东盟

"开放"是北部湾城市群未来的主要发展方向之一，北部湾城市群毗邻东盟陆海，是中国—东盟贸易合作的关键节点。《北部湾城市群发展规划》中着重突出"开放"，将北部湾定位为面向东盟建设开放型的国际城市群。并且提出北部湾城市群应该借助中国—东盟合作已有的良好基础，主动加强与东盟国家发展对接；同时积极跟进"一带一路"建设，利用好对外开放的优势，与东南亚各国进行国际产能合作，建立起两地企业双向互通的通道，搭建技术、人才、经验交流平台，促进经贸合作升级。

表 8-1　中国—东盟发展脉络表

2003 年	中国第一个加入《东南亚友好合作条约》，双方构建面向和平与繁荣的战略伙伴关系
2013 年	习主席访问印度尼西亚提出携手共建"中国—东盟命运共同体"和"21 世纪海上丝绸之路"的倡议
	《中国—东盟领导人会议》提出中国—东盟"2 + 7 合作框架"
2017 年	合作框架升级为"3 + X 合作框架"即以政治安全合作、经济合作、人文交流三大支柱为主线、多领域合作为支撑的新框架
2018 年	中国与东盟签署了《中国—东盟战略伙伴关系 2030 年愿景》
	中国与东盟有关国家先后发布了重要共识文件，即：中国政府和印度尼西亚政府《联合声明》、中国政府和新加坡政府《联合声明》、中国和文莱《联合声明》、中国和菲律宾《联合声明》、中国政府和马来西亚政府《联合声明》
2019 年	中国政府和柬埔寨政府发布了《联合新闻公报》

二、地缘和文化基础

由于地缘因素，东南亚与中国山水相连，文化相通，互为天然的合作伙伴，自古以来就与中国保持紧密的政治、经济和文化关系。首先，从面向东盟的地理优势来谈，北部湾城市群与东盟存在陆地边界，同时又存在便利的海上通道，是中国—东盟贸易中的交通枢纽。其次，从背靠国内的区域来看，北部湾城市群位于西南和华南之间，东邻珠江三角洲和港澳地区、西毗西南经济圈、北靠中南经济腹地，连接中国和东盟两个市场。

北部湾东盟陆海相连的地理位置又决定了北部湾与东盟必然会有更近的文化亲缘关系。东南亚是全球最大的华侨聚居地，其华侨人数约2100万人，占世界华侨约70%，经济规模达到1.5万亿美元。广西是全国第三大侨乡，在海外的华人华侨有200多万人，其中约有150万人聚居在马来西亚、越南、泰国等东南亚国家。这些文化亲缘关系进一步地促进了北部湾—东盟的友好合作。

三、良好的贸易伙伴关系

近年来，中国与东盟的贸易快速增长。2018年，中国与东盟各国的贸易额合计达5878.7亿美元，同期增幅达到14.1%。欧盟、美国、东盟是中国三大贸易伙伴，2018年，中国对欧盟的贸易增速达10.6%，对美国的增速达8.5%，可见，中国—东盟的贸易增速超过了中国对外贸易的平均增速。其中中国向东盟出口达3192.4亿美元，较上年增长14.2%；中国从东盟进口达2686.3亿美元，增长13.8%；中方顺差506.1亿美元，较上年的434.2亿美元增长了14.2%。当前，中国与东盟经贸关系已经达到了一个崭新的阶段，合作领域不断扩大，合作平台快速发展，中国—东盟无论是在经贸方面还是在金融合作方面都处在一个前所未有的"黄金"机遇期。

四、"一带一路"倡议带来的新机遇

自中国政府2015年提出"一带一路"倡议以来，中国与东盟的经贸关系进入高速发展时期。在"一带一路"进程中，总额数量达到400亿美元的丝绸之路基金和1000亿美元的亚洲基础设施投资银行已经成立并启动项目投资，"一带一路"沿线国家正积极探讨建立或扩充各类双边或多边合作基金，中国与东盟在基础设施建设等各个经济领域的深入合作正在迅速展开。

2017年中国与新加坡共同启动"中新互联互通南向通道"建设，其中规

划包括广西等西部相关地区与新加坡等东南亚国家通过区域联动、国际合作，建立衔接"一带一路"的国际陆海贸易新通道。而北部湾恰好处在中新南向通道重要节点上，其集铁路、公路、航运、航空等多种运输方式于一体，具有产业、物流园区、货运枢纽信息平台等优势。这对于北部湾城市群与东盟的人才、物资、资源、信息等的交流和交换具有重大意义。

第二节　双方绿色金融合作的必要性

一、顺应国际绿色可持续发展的外部需求

从国际上看绿色和可持续发展已经成为全球共同认可的发展方向，绿色金融作为应对气候变化，保护生态环境，促进经济绿色发展的有效引导手段，已经得到了国际认可。将国际上推动绿色金融发展的相关举措进行梳理，如表8-2所示。

表8-2　国际绿色金融发展脉络表

年份	举措	意义
1992	联合国环境与发展大会通过《环境与发展宣言》和《21世纪议程》	确定可持续发展和金融结合的重要性
	联合国环境规划署（UNEP）联合世界主要银行和保险公司宣布成立金融倡议（UNEP FI）	促进金融机构支持可持续发展
2003	10家主要银行宣布实行"赤道原则"	防范银行业社会环境风险，促进可持续发展

年份	举措	意义
2005	联合国社会责任投资原则（UN-PRI）	该原则认为"长期的价值创造需要一个具有经济效率的可持续的全球金融体系，这样的金融体系可以回馈长期责任投资、并有益于环境和社会的整体发展"
2015	《可持续发展目标》及《2030年议程》	彰显了全球各国在改善环境、实现可持续发展问题上的决心
2016	G20财金渠道设立绿色金融研究小组	在研究小组的推动下，绿色金融成为主流议题，而且通过G20领导人杭州峰会公报成为全球共识

此外，世界各国也纷纷探索绿色金融服务道路，法国发布的《能源转型法》中要求将ESG纳入机构投资者的考虑范围；中国的碳金融交易探索走在世界前列；香港要求上市企业披露环境信息；日本、印度正在积极构建绿色债券市场。由此可以看出，全球正在形成一个强劲的、共同推动绿色金融发展的势头，东盟各国也应该紧跟国际步伐，以绿色金融引领可持续发展道路。

二、东盟各国基础建设和产业转型升级的内在需求

1. 产业转型升级的需求

根据第二章的分析可知，东盟国家存在产业发展结构不合理的问题，急需加快产业转型升级的步伐。一方面东盟国家大部分依靠传统产业支撑经济发展，传统产业在发展过程中由于同质竞争容易存在产能过剩的问题；另一方面东盟国家高科技产业严重缺乏，而高技术含量、高附加值、低碳环保行业更符合发展绿色经济，满足于社会可持续发展的需求。同时，绿色金融可以促进资金的有序和自由流动，使价格信息传递更为有效，保证金融资本和合作对象的有效融合，达到优化资源配置的作用，从而促进产业结构布局调整。

因此，应以北部湾城市群和东盟合作为基础，以绿色金融为杠杆，促进资金融通和产业融合，通过结构化设计，将多元化资金需求与不同风险收益特征

的金融产品相匹配，构建多层次、多渠道的金融投融资体系，努力形成经济、环境和金融良性协调发展的新局面。

2. 基建和产业升级的融资需求

基础设施建设需要大量的绿色资金支持。大部分东盟国家存在基础设施薄弱，因缺乏足够的资金而无法改善的问题，而绿色金融可以支持和促进可持续基础设施建设。绿色金融具有资金保障作用，基础设施建设需要巨额的投资，而东南亚各国尚处于经济起步阶段，仅靠政府资金是远无法满足这样的需求的，需要建立市场化的融资方式，发展绿色信贷、绿色债券、绿色基金、绿色股权融资等多种方式，广泛吸引区域合作的绿色资本参与到可持续基础设施建设项目中。

东盟经济转型需要大量绿色投融资。目前东盟的经济产业主要集中在农业、矿业及旅游业上，在可持续发展成为全球共识的情况下，东盟如果要走经济可持续发展道路，就必须要加快矿物燃料和自然资源密集型产业向节约资源、高技术产业和绿色环保发展模式投资转移的步伐，即重要投资绿色环保基础设施。根据世界银行和东盟资本市场论坛的一项研究，到 2020 年，东盟地区的绿色融资需求预计将达到 1 万亿美元。在这样巨大的融资需求面前，发行绿色金融债、绿色基金以及绿色信贷等绿色金融工具的应用空间广阔。

第九章　北部湾城市群

——东盟绿色金融合作模式设计

第一节　北部湾城市群

——东盟绿色金融合作总体框架构想

区域国家联盟的形成与发展源自于整合地区间国家的经济产生巨大的市场机遇，这样的机遇能够为联盟内的各个国家带来利益共享，使各国家有机会在一定程度上摆脱本国的发展局限与相邻国家构成互补的分工形态，共同组成经济一体化的国家联盟来获取自身更大的利益。

东南亚国家联盟成立的目的便是在国家联盟区域内对经济、社会、文化、技术和科学等方面进行合作与相互支援，实现经济一体化；并且十分愿意与其他国家和组织开展经济合作往来。同时，北部湾城市群作为国家重点规划的发展对象，且在地理位置上与东盟紧密联系，与东盟合作潜力巨大。因此，北部湾城市群与东盟国家间的绿色金融应秉承分工明确、错位发展的理念。

现阶段，东盟各国经济增速明显，产业链趋向完善，产业转型已初具成效，但仍需要有效的外力去推动成长。北部湾城市群和东盟两个主体间的合作需要在地域分别设置核心驱动力。新加坡作为发达的国际金融中心，全球第二大外汇交易中心，具有良好的金融环境及开放的金融市场，适合承担东盟内的国际绿色金融中心这一角色。

北部湾城市群与东盟地缘、经济互补性强，在"一带一路"倡议《东盟互联互通总体规划2025》的高度对接下，有利于促进双方资源的高效配置与市场融合。因此，北部湾城市群可以在中国—东盟中承担绿色金融改革创新实验区以及绿色金融联络点这一角色，为东盟各国实现绿色资金、技术和人才输送，与新加坡形成双核驱动、互联互通的中心框架。

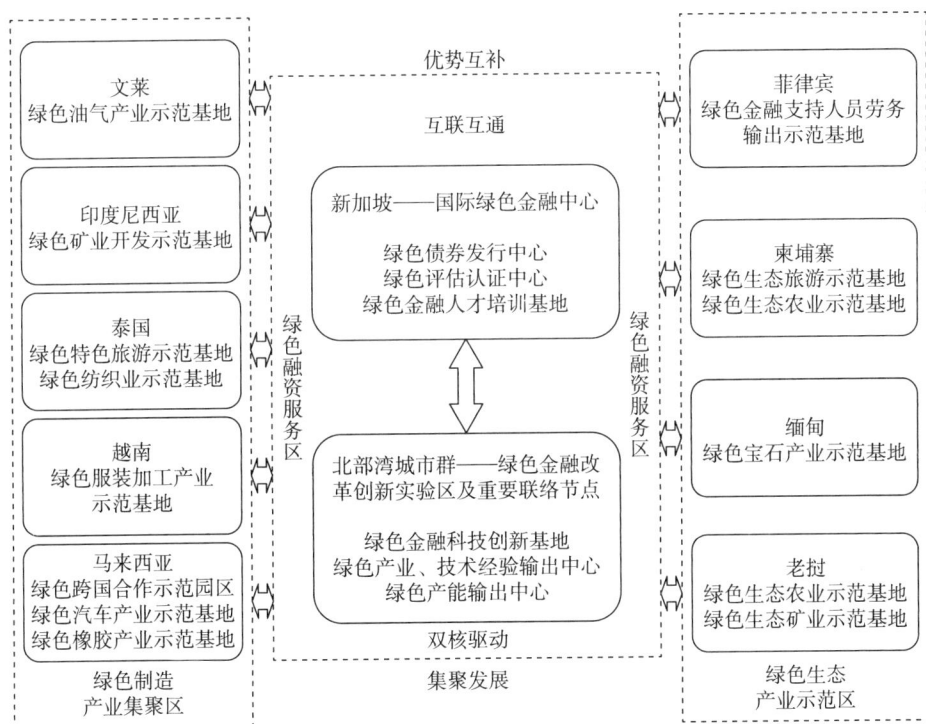

图 9-1　北部湾—东盟绿色金融合作框架图

对于除新加坡之外的其余 9 个国家，其绿色金融合作定位应服从于东盟的整体产业发展战略，以"产业分工协作"为核心理念，根据东盟各国家产业资源禀赋与区位特点，以北部湾＋新加坡为主轴，在文莱、印度尼西亚、泰国、越南以及马来西亚依次布局油气产业、矿产业、纺织业、汽车产业等绿色产业示范基地，形成绿色产业集聚区；在菲律宾、柬埔寨、缅甸和老挝布局劳务输出、生态旅游、绿色宝石、生态农业等示范基地，形成绿色生态示范区。

综上所述，将北部湾城市群—东盟绿色金融合作总体模式总结为"双核驱动，互联互通，优势互补，集聚发展"，即：以北部湾的绿色改革创新试验区、绿色金融联络节点和新加坡的国际绿色金融中心为双核心，培育北部湾—东盟绿色金融合作平台；各国家分工协作、错位发展，以文莱、印度尼西亚、泰国、越南以及马来西亚为主的制造业主导国家侧重建设绿色产业集聚区，菲律宾、柬埔寨、缅甸和老挝等生态环保和自然资源丰富的国家建设绿色生态产业示范区，从而发挥集聚优势，扩大绿色产业与金融市场双向开放与沟通，推动北部湾—东盟绿色金融快速发展。

第二节　北部湾城市群与东盟十国绿色金融功能定位

一、北部湾功能定位

我国十分重视推动经济转型增长的生态文明建设，并且将绿色金融作为重要手段，积极推进绿色金融改革。目前，我国的绿色金融政策体系框架的构建已经初步完善，处于世界领先位置。北部湾城市群定位合作东盟，坚持开放与绿色北部湾城市群作为国家重点支持的城市群项目建设，应该积极完善自身绿色金融建设包括：建立绿色金融组织体系，推动绿色金融产品和服务模式创新，完善绿色金融基础设施，扩大绿色项目融资渠道，发挥好面向东盟的绿色金融合作门户作用。进而将北部湾城市群打造成北部湾—东盟绿色金融合作的重要联络节点，通过北部湾城市群将中国的绿色金融研究成果和绿色产能向东盟国家输送，助力东盟各国改善基础设施，优化产业结构。具体功能设置如下：

1. 绿色金融科技创新基地

北部湾城市群作为北部湾—东盟绿色金融合作框架"双核驱动"的主轴之一，应定位于发挥北部湾—东盟合作区核心增长极的作用，打造绿色金融科技示范区的地位，成立辐射东盟各国的绿色金融科技创新基地。建议组建绿色金融科技研究团队进行区块链、数字货币等先进科技领域的相关探索；加强对新加坡国际金融和创新人才的对接，建立绿色金融科技创新交流平台，会聚中国与东盟国家的创新人才力量，研发绿色金融科技产品，推动绿色 Fintech 快速发展。

2. 绿色产业技术经验输出中心

积极推进广西第一批绿色金融改革创新试验区的工作进程，支持财税、金融机构、环保企业等多边力量实施绿色金融服务创新；有效促进绿色评估、绿色担保、绿色保险、绿色信贷、绿色基金、绿色融资租赁等方面的相关改革；引导绿色金融创新产品服务于环保产业项目，促使传统的经济增长模式借助绿色金融力量转向可持续发展方向，对东盟各国形成示范带动作用。同时，与东盟构建北部湾城市群绿色环保企业走出去联盟，搭建双方在绿色金融技术、项目上的对接桥梁，将改革试验区的有效绿色产业技术经验通过环保企业转移到东盟各国。

3. 绿色产能输出中心

把北部湾打造成中国—东盟绿色产能输出枢纽，东盟各国基本上属于新型经济体和发展中国家，这些国家普遍处于经济上升期，基础建设、电力缺口巨大，煤电等能源需求强劲，未来能源消费处于不断增长趋势。北部湾城市群可借助"一带一路"建设的平台，与东盟国家开展国际产能合作，将中国绿色、先进、清洁高效的技术输送到东盟各国。在缅甸开展水电和新能源业务，支持当地矿产业；在越南、印度等新兴经济体为重点开发高效清洁火电业务。

4. 绿色农业有机食品输出中心

北部湾城市群立足亚热带的生态圈，以天然的绿色青山打造有机食品输出中心，实现打造"金山银山"的目标，并且推进农业供给侧结构性改革，从经济层面进一步优化农业生产结构和区域布局。东盟国家有不少是以二三产业为主，农业发展水平较低，北部湾城市群可以与东盟国家合作，对外输出绿色有机食品，或者对外输出绿色农业经济园区构造投资以及技术，完成绿色农业有机食品输出中心的目标。

二、新加坡功能定位

新加坡依靠服务业支撑本国经济发展，其中服务业又大部分集中于金融服务产业，2017 年金融服务对新加坡的贡献达到 60%。当今，新加坡是国际金融中心，金融基础设施完善，金融市场发达。新加坡可以为北部湾—东盟产业合作提供丰富的融资渠道。同时，新加坡是全球第二大资产与财富管理中心，可以成为引导全球资金投资于北部湾—东盟合作的桥梁。因此，建议发挥新加坡国际金融中心的地位优势，把新加坡打造成为北部湾—东盟合作的国际绿色金融中心，具体功能设计如下所示：

1. 绿色债券发行中心

新加坡建立了具有一定深度与流动性的国债市场，新加坡交易所拥有世界最快的交易平台。在新加坡债市、股市活跃的背景下，建立绿色债券发行核准绿色通道，加快审核速度和简化审核程序；引导各国银行分支机构和企业通过新加坡绿色债券发行通道发行绿色金融债和绿色企业债，鼓励各类金融机构和证券投资基金等相关机构投资者投资绿色债券；募集资金用于支持各国污染防治和社会效益好的节能环保产业项目建设。形成良性循环，进而推动新加坡成为国际绿债发行中心，募集国际投资者的资金。

不光如此，还可以推行绿色信贷、绿色基金以及绿色保险，让环保企业或者环保项目拥有更多的融资途径，借此推动绿色金融的发展。

2. 绿色评估认证中心

新加坡作为国际金融中心，社会制度与管理体系与国际市场接轨，法制健全，声誉度高。可以在此建设国际认可的绿色债券评估认证机构，包括信用评级、环境咨询服务。即认证哪些企业是绿色的包括标准制定、发布和认证评估，进而负责北部湾—东盟区的绿色企业、绿色评估认证工作。

3. 绿色金融人才培训基地

新加坡教育体系完善，每年吸引着大量留学生。可在新加坡建立绿色金融教育、培训和科研中心，设立专门的绿色技能发展基金，支持绿色教育基础设施的建设，同时通过补贴机制鼓励金融机构员工等其他相关学员参与培训；推出绿色金融资格标准和人才发展计划，为东盟各国的绿色金融建设提供源源不断的劳动力。

三、文莱功能定位

文莱油气资源丰富，对财政收入的贡献值达90%。矿业的开采对环境造成的破坏极大，因此可以在文莱打造绿色油气产业示范基地，实施环保采油，为东盟其余国家的矿业开发提供引领与参考，具体设置如下：

建立绿色油气产业示范园区，鼓励具有社会效益的矿业开采企业入驻园区，给予相关政策优惠支持；吸引国外投资者投资园区项目，鼓励投资者设立绿色油气开采公司，以及相关投资基金，从而聚集社会零散资金，对具有环保开采技术的项目进行投资；启动油田排污许可证核发试点，推动环境权益交易市场的建立；鼓励保险公司创新污染责任保险产品，对投保企业给予支持，对应保未保企业进行约束。

四、柬埔寨功能定位

1. 绿色生态旅游示范基地

旅游业是柬埔寨的国民经济支柱产业，对 GDP 的贡献超过 10%。目前，柬埔寨吴哥窟已成为世界最受欢迎的旅游目的地之一，柬埔寨政府将旅游业视为"绿色黄金"。因此，建议把柬埔寨打造成绿色生态旅游示范基地。具体功能设计如下：

（1）促进绿色信贷发展，增强绿色信贷对旅游产业的投入。鼓励商业银行发展绿色信贷并向生态旅游产业倾斜，比如景区污染防治设施建设、景区垃圾处理等，支持具有环保效益的旅游项目和环境污染治理项目；扩大对生态环保旅游企业的信贷权限和信贷额度，简化审批程序；同时减少对环境可能造成负面影响项目的贷款。督促商业银行在发行绿色信贷的同时积极完善环境风险评级标准，制定放贷项目监管措施。

（2）推动绿色担保发展。由政府财政部门和相关旅游企业共同出资成立绿色贷款担保公司，为符合绿色环保要求的旅游企业进行贷款担保，解决环境友好旅游企业筹资难、担保难的问题。

（3）拓宽绿色融资渠道。支持绿色环保企业发行绿色企业债券进行融资；成立专项绿色金融债券支持社会生态效益好但需要大量资金投入的环保旅游项目。鼓励外商投资开发绿色旅游基础设施和生态旅游项目，设立旅游经营机构，允许当地以旅游资源入股。

2. 建设绿色生态农业示范基地

农业是柬埔寨政府优先发展的产业，它在柬埔寨整个国民经济中起着核心作用。2019 年，农业为柬埔寨国民经济的贡献为 20.6%，柬埔寨香米出口受到各国欢迎，在 2019 年出口的 108 亿美元中，稻谷出口达到了 2.86 亿美元，占 2.6%。因此，建议把柬埔寨打造成东盟绿色生态农业示范基地，以绿色水稻生产为中心，打造一个柬埔寨绿色香米品牌，同时为整个东南亚的绿色生态农业发展提供参考和经验。具体功能设计如下：

建设绿色金融支持的农业园区，吸引大型具有环保种植技术的企业入驻，形成龙头企业引领作用，带领一小批小企业抱团跟进，同时对入驻园区的企业特别是中小企业提供绿色信贷融资支持，同时以绿色信贷资金支持粮食仓储、物流、贸易一体化产业链建设。在园区内部打造稻作—畜产—水产三位一体型和畜禽—稻作—沼气型的生态环保种植模式。同时，开展农家乐等旅游参观服务，把种、养、旅游形成产业链，既增加了收入，又能够有效支持柬埔寨绿色生态旅游示范基地的建设。

五、印度尼西亚功能定位

矿业是印度尼西亚国民经济重要支柱，其产值约占 GDP 的 10%。同时，印度尼西亚也是国际市场供应煤炭、镍、铁、锡、金等金属矿产的重要来源国。印度尼西亚的镍矿产量排世界前列，煤炭出口居全球第一。因此，建议将印度尼西亚打造成绿色矿业开发示范基地，具体设计如下：

第一步，整治现有的矿山产业，建立绿色矿山。矿山建设项目按规定进行环境影响评价和地质灾害评估，制定相应的保护方案；政府出台相关政策支持设立地方性绿色金融银行，对先进的生产技术和有利于生态保护的矿资源开发项目提供绿色信贷融资支持；政府性担保机构成立绿色矿业担保基金，为环保矿企业提供融资担保；将绿色矿山信息纳入企业征信系统。第二步，治理已受污染的矿山周边区域。积极研发绿色矿山建设能源效率贷款、节能减排专项贷款等绿色信贷产品，加大对大气污染、土壤污染和水污染等防治的支持力度。以印度尼西亚青山工业园区为试点单位，建设成为绿色开采、绿色排放、绿色处理、绿色修复的参考性绿色矿业开发示范园区。

六、老挝功能定位

1. 绿色生态农业示范基地

农业一直是老挝的支柱产业，在国民经济中占有主导地位，其中橡胶是老挝最大的农业出口收入来源，2019 年的橡胶出口总值超过 2.175 亿美元，同比前一年的 1.156 亿美元增长近 88.15%。橡胶是老挝经济、社会发展计划的重要组成部分之一，国家有意培养橡胶产业向经济化发展。但是，在促进橡胶经济化发展的过程中存在不少因为银行贷款、资金不足的原因使得种植者放弃橡胶种植。因此，建议把老挝打造成东盟绿色生态农业示范基地，以绿色橡胶种植业为主攻方向，以绿色金融引领资金支持橡胶种植产业。具体功能设计如下：

建设绿色金融支持的生态农业产业园区，以优惠政策引进具备环保种植工艺的企业，特别是在绿色信贷、绿色债券发行等方面提供支持。利用北部湾—东盟的合作，引进北部湾地区环保效益较好的企业，从而促进橡胶种植的转型升级，形成东盟新型绿色橡胶种植产业示范基地。在此基础上，逐渐扩大规模，以致吸引更多的国内外优秀企业入驻园区。

2. 绿色矿业开发示范基地

矿产资源是老挝国家财政收入的第一支柱产业，矿业曾给老挝政府提供了超过 23% 的税收收入，在 2015～2016 年，矿业领域为 GDP 贡献了 1.36 亿美元。然而，老挝的采矿业普遍落后，许多矿产资源因受限于经济和技术，没有得到有效的开发利用。

因此，应该借助绿色金融融资支持老挝的矿业开发产业，助力老挝产业结构调整升级，把老挝打造成东盟绿色矿业开发示范基地，具体设计功能如下：

建设北部湾—老挝绿色矿业合作平台，建立常态化联络机制，通过合作平台引进中国绿色金融融资资金，支持老挝矿产业基础开采设施建设。同时，建立绿色矿业开采园区，对进驻园区内的企业提供绿色信贷优惠税率支持，吸引具备高技术实力的中国企业进入老挝矿业市场。同时绿色矿业合作平台也可以为双方就矿业投资环境与政策、矿业项目与技术合作、矿业信息共享与技术服务等问题进行交流对接，推动北部湾—东盟矿业基础信息库共建共享，达到双方合作共赢的良好局面，为其他国家与北部湾的绿色金融合作提供示范与借鉴。

七、马来西亚功能定位

1. 绿色跨国合作示范园区

为了推动中国与马来西亚在贸易、产能和技术等方面的互通互利合作，2011 年，双方政府达成共识，建立中马钦州产业园区。中马钦州产业园区是一个国家级产业园区，至今已有超过 290 家企业在此注册，它的辐射范围已经覆盖至东盟区域，扩大了中国与马来西亚及东盟各国在经济、文化、教育、科技方面的合作。同时，钦州也是北部湾城市群规划的一个重要发展城市，通过钦州与马来西亚的合作可以有效地促进北部湾城市群与东盟的合作。

因此，建议以中马钦州产业园区为桥梁，打造绿色金融合作示范园区，以绿色金融支持产业园区的发展，引导绿色金融服务走出去，引进国外绿色环保产业。中马产业基金论坛是中马钦州产业园区和广西壮族自治区与基金行业交流合作的重要平台，可以通过绿色基金支持产业园区的环保项目和有节能环保效益的项目建设。例如，2018 年由环嘉集团引入的绿色基金和实业配套的高度产融结合的环嘉绿度循环经济产业园项目入驻中马钦州产业园区，该项目的引入为绿色金融支持园区环保企业提供了良好的示范作用。

2. 绿色汽车产业示范基地

马来西亚汽车制造业发达，国民汽车拥有率高，平均每千人拥有 361 台汽车。近些年，由于汽车产量快速增长所带来的环境污染问题也逐渐显露出来。目前马来西亚政府正在积极促进新能源汽车领域的发展，新能源的发展对环境的改善作用毋庸置疑，而新能源汽车作为新能源发展的重要指向标之一，其发展应该得到大力支持。因此可以把马来西亚打造成东盟绿色新能源环保汽车示范基地，由此促进马来西亚成为东南亚节能汽车生产中心，具体功能设计如下：

把新能源汽车产业作为绿色金融的重要发力领域，鼓励金融机构通过产业基金、绿色融资租赁服务模式支持新能源汽车产业的发展；政府设立专项绿色基金支持港口物流和新能源产业园区建设，完善新能源汽车配件生产的基础配套设施。促进新能源汽车企业借助北部湾城市群—东盟绿色金融市场的发展之势，在新加坡绿色金融中心开拓绿色债券的融资渠道。对市场上流通的车款进行能效和排放评估和分级，设定不同级别的贷款利率，以绿色汽车消费贷款促进新能源汽车消费市场的发展。

3. 绿色橡胶制造产业示范基地

马来西亚是全球天然橡胶第五大生产国、第七大消费国，也是全球主要的橡胶制品出口国，橡胶产业是马来西亚的战略性发展。同时，马来西亚拥有世界最大的和专业的橡胶制品研究机构，其橡胶产业具备较强的竞争优势，发展前景良好。因此，建议在马来西亚打造东盟绿色橡胶制造产业示范基地，具体功能设计如下：

把橡胶制造产业投融资作为绿色金融落地的示范产业，支持地方符合条件的民间资本设立民营银行或绿色基金参与绿色橡胶产业投资。建立橡胶产业污染勘察、定损、与责任认定机制，对高污染企业进行约束。创新绿色保险服务，对投保企业给予政策优惠，同时推动污染权交易市场的开发。海南农垦是中国天然橡胶四大企业之一，同时，海南也是北部湾城市群的重要组成区域。马来西亚橡胶产业可以和海南农垦进行国际绿色橡胶产业合作，双方政府设立绿色专项基金，支持研发橡胶制品环保技术和绿色橡胶产品，延长产业链，将科技成果转化为经济效益，打造绿色橡胶品牌。

八、缅甸功能定位

缅甸是全球最具价值的宝石出产国之一，也是全世界翡翠产量最高的国家，世界上95%的翡翠产自缅甸，因此建议将缅甸打造成东盟绿色宝石产业示范区，同时翡翠的绿与环保语义双关，可以打造"绿色"宝石品牌并转播世界。

充分利用澜沧江—湄公河合作中的绿色资金，打造绿色宝石产业园区，取缔非法开采、非法加工产业，引导产业入驻园区进行绿色规范经营。同时，引导社会资本进行绿色投资，支持在矿石开采区与加工区连接绿色橡胶传送带代替卡车运输，减少柴油的使用，从而降低二氧化碳的排放量。另外，起草矿业环境影响评估准则，更好地评估矿场的商业价值，也更易于评估对自然环境的破坏和影响。对采矿地进行严格的区域和时间限制，创新建立采矿权益交易平台。引导绿色资金支持北部湾城市群—缅甸建立绿色宝石贸易通道，以引进绿色资金和绿色企业，同时促进"绿色"宝石品牌"走出去"。

九、菲律宾功能定位

劳务输出产业是菲律宾经济的一大特色，菲律宾目前的劳务输出人口对总人口的占比已达2.4%，且不断增长；海外劳务输出带来的外汇收入占国民经济的9%，菲律宾的劳务输出已经成为了一个特色品牌产业。随着绿色金融理念的全球趋势化，绿色技术劳务人员的需求日渐增长。因此，建议把菲律宾打造成东盟绿色金融支持人员劳务输出示范基地，以绿色金融支持菲律宾的绿色劳务输出，既提高了菲律宾劳务输出产业在全球的竞争力，又满足了北部湾—东盟绿色金融建设的劳务需求。具体功能设计包括如下：

以绿色金融融资资金支持菲律宾建设绿色人员劳务培训基地，提高劳务人员在绿色产业上的工作素质。开辟绿色信贷通道，解决出国劳务人员贷款难的问题，同时对外派公司提供绿色优惠政策，鼓励外派公司走出去等各种途径，进一步开拓海外市场。充分利用中国—东盟双边经贸合作机制，在北部湾城市群—东盟开展绿色金融支持菲律宾人员劳务输出合作平台，实现绿色金融"走入"，劳务人员"走出"双向输送。

十、泰国功能定位

1. 绿色特色旅游示范基地

东南亚的泰国是世界十大旅游市场之一，自2010年以来，旅游业已成为泰国经济的一项支柱产业。泰国旅游业的平均年增长率为13%，旅游业收入对泰国国内生产总值（GDP）的贡献率为15%左右。同时，泰国位于亚洲中南半岛中南部，拥有普吉岛、象岛、苏梅岛等海岛城市，特色海岛游极具吸引力，因此建议在泰国打造"绿色特色海岛旅游"品牌，成立东盟绿色海岛特色旅游示范基地。

政府应制定强有力的政策支持和政策创新，重点支持海岛旅游，打造"绿色海岛旅游+"模式进行海岛旅游创新，促进绿色特色海岛旅游示范基地建成。第一，打造"绿色海岛旅游+农业"模式，将海岛旅游与农业融合，使农业基地变身休闲景区，提升农业附加值；第二，打造"绿色海岛旅游+文化"模式，深度挖掘泰国海洋文化、佛教文化、海岛民俗文化资源，提升旅游产品的文化附加值；第三，打造"绿色海岛旅游+体育"模式，水上运动旅游产业经历了萌芽、发展、转型、深化历程，如今虽有长足发展，但仍处于产业发展的初级阶段，这是机遇也是挑战。政府可从政策、资金、人才培训、宣传推广等多方面综合实施精准措施，力促绿色特色海岛旅游示范基地建成。

2. 绿色纺织产业示范基地

纺织业作为泰国占比最大的制造业之一，对国民经济的贡献达到 17%，泰国的纺织业发展至今已经有 4500 家纺织工厂，其生产环节覆盖了整个产业链，成衣供应畅通不同市场。因此，建议把泰国打造成东盟绿色服装加工产业示范基地，成为东南亚织品贸易枢纽，具体功能设计如下所示。

以绿色金融支持发展纺织行业低碳环保园区建设，鼓励社会资本投资园区在园区内节能减排技术的应用，提高全产业链的绿色制造水平。促进金融机构通过绿色信贷支持建设绿色工厂，实现生产过程清洁化和智能化，促进节能减排和循环利用。建立环保生产评估机制，打造绿色生产加工链，给予政策倾斜，形成环保生产、节约管理、绿色物流的纺织企业发展模式。

十一、越南功能定位

纺织服装业是越南制造业里的支柱产业，截至目前，越南拥有约 5000 家纺织服装厂，有纺织产业工人 280 万人，年营业额达 300 亿美元，相当于越南 GDP 的 15%。纺织服装业已成为越南最大的经济产业。而据越南国家纺织和服装集团（Vinatex）统计，越南超过八成的纺织原料和辅料都从国外进口，而最大的来源就是中国。从原料、纺纱、织造到成衣加工，中国拥有全球最完备的服装纺织产业链，这正是它作为世界服装工厂的核心竞争力，也是跟越南的最大差距。越南第 10 纺织厂，是美国时装品牌 GAP 和 Tommy Hilfiger 的供货商，而由于今年疫情的原因，中国服装工厂面临着工厂停产和交通停运的难题，中国无法按期提供货物，外国买家自然要将订单转移至其他代工厂，越南订单量大幅增加。但越南因为一半的原材料无法从中国进口，陷入大量订单不能按时交付的困境。同样的问题，也困扰着其他越南服装纺织厂，部分工厂只能停工待料，部分则选择临时转向马来西亚和印度采购，直到2月底中国逐步恢复原料供应，这个现象才有所缓解。因此，建议将越南建立东盟绿色纺织产业示范基地。具体功能设计如下：

绿色金融支持越南建立东盟绿色服装产业示范基地，主要是从以下两个产业方面建设：第一是纺织品原料产业，政府应当发行绿色债券，建立绿色审批通道，为越南基础薄弱的纺织原料生产行业提供充足的资金，有利于减少越南对原料进口的依赖性，完善上游产业，建成自己的纺织一体化体系。第二是纺织织造产业，政府进行绿色信贷探索，建立排污权交易以及抵押贷款市场，设立抵押物处理渠道，引导和支持传统服装加工产业绿色环保升级。进行绿色保险创新，建立绿色安全生产和污染责任险，提升产业环境风险应对能力。

第十章 结语

我国对生态环境日益关注，绿色发展理念呼唤绿色金融，绿色金融助推绿色发展的良性循环正在形成，我国绿色金融取得了长足发展。2017年国家大力发展培育北部湾城市群，在新的发展机遇和新常态下，北部湾城市群必须提高认识，全面深化改革，以绿色发展为主，以绿色产业作为经济发展的支撑，大力发展绿色金融。深入地扩大开放合作，努力破解发展中的难题，才能更有效地增强引领带动作用和对西南中南的支撑辐射功能，提升在"一带一路"倡议中的地位。当前，北部湾城市群绿色金融发展中的机遇与挑战并存，政府职能部门、金融业、企业及社会各界应多方合力，积极适应新常态，不断创造有利条件，因势利导，探索切实可行之路，促进绿色金融发展，更好更快地实现城市群经济金融和生态环境协调发展。

在环境持续恶化的今天，可持续发展已经成为全球的共识，良好的生态环境是可持续发展的基础。当前，东盟的经济发展正处于一个高速前进的阶段，走人与自然和谐相处、经济与生态共同发展的可持续发展新道路，是保持东盟经济持续向上的新要求。而绿色金融是实现可持续发展目标的一个重要且行之有效的手段。中国与东盟自建立战略合作伙伴关系以来，双方各个领域的合作取得了可观的成果。2017年，东盟秘书处发布《东盟可持续发展融资报告》，中国和东盟在实现可持续发展中，面临着广阔的合作前景，同年，《北部湾城市群发展规划》提上日程。鉴于北部湾城市群与东盟的地理优势，北部湾城市群与东盟在可持续发展方面的合作大有可为。

本书梳理国内外典型湾区发展路径，上篇的内容主要是：在兼顾经济发展与环境适应的基础上借鉴国内外知名湾区绿色金融实施经验，分析其绿色金融实施的有效举措并得出相应启示，思考促进北部湾城市群绿色金融合作思路、合作模式与合作路径，针对北部湾城市群的现状与特色，研究如何使绿色金融成为北部湾城市群经济发展的抓手，从而更好地引导和服务北部湾城市群经济社会持续可协调发展。

下篇的内容主要是：通过梳理东盟各国的经济发展情况与经济发展难点，分析出东盟国家发展过程中存在的问题以及解决方向，总结出绿色金融是推进东盟国家可持续发展的有效手段；同时，结合北部湾城市群的发展情况和北部湾—东盟合作发展的基础，探索北部湾城市群绿色金融合作的新思路、新模式，从而提出北部湾—东盟绿色金融合作框架。

参考文献

［1］胡宇聪．我国绿色金融发展的现状、挑战、对策及展望［J］．中国集体经济，2019（2）：109－110.

［2］邵传林，张丽．创新驱动视域下绿色金融发展的动因、困局与实现路径［J］．重庆工商大学学报（社会科学版），2019，36（3）：1－12.

［3］李松霞．北部湾城市群空间关联性研究［J］．技术经济与管理研究，2018（2）：119－123.

［4］沈坤荣，赵倩．世界级城市群国际比较与区域高质量发展路径选择——以江苏为例［J］．江海学刊，2018（2）：102－107＋238.

［5］任佳丽．我国区域绿色发展的金融支持研究［D］．山西财经大学，2018.

［6］孙红英．绿色金融：全球化趋势下的区域经济新增长点——以广州市花都区为例［J］．广州社会主义学院学报，2018（2）：108－112.

［7］吕芳．新常态下我国绿色金融发展路径浅谈［J］．纳税，2018，12（35）：226.

［8］焦一倩．我国绿色金融发展程度评价研究［D］．华北电力大学（北京），2018.

［9］刘秀玲，陈澄．北部湾城市群城市竞争力比较及评价［J］．南京航

空航天大学学报（社会科学版），2018，20（4）：21－27.

[10] 曲绍丹. 我国绿色金融发展的困境及策略研究［J］. 北京财贸职业学院学报，2018（6）：18－23.

[11] 刘秀玲，陈澄. 北部湾城市群城市竞争力比较及评价［J］. 南京航空航天大学学报（社会科学版），2018，20（4）：21－27.

[12] 李瑶，董玮，刘丞，沙海江. 中国城市群绿色发展的多维测度与路径探索［J］. 湖州师范学院学报，2018，40（9）：12－20.

[13] 孟燕南. 新常态下我国绿色金融发展路径探讨［J］. 现代营销（下旬刊），2018（8）：23－24.

[14] 王劲屹，林佳婷. 我国绿色金融发展现状与提升路径探析［J］. 金融经济，2018（16）：21－23.

[15] 朱凤林，郭晨. 我国绿色金融发展的路径选择——"自上而下"和"自下而上"的结合［J］. 海南金融，2018（8）：28－32.

[16] 许抄军，兰艳泽，陈臻. "一带一路"背景下北部湾经济圈港口城市间合作模式创新［J］. 经济地理，2018，38（5）：78－84.

[17] 冯娟. 基于城市功能分工的北部湾城市群发展［J］. 山东工商学院学报，2017，31（2）：47－54.

[18] 洪小龙. 加快打造北部湾城市群的对策思考［J］. 广西经济，2017（3）：44－46.

[19] 张晓沛. 北部湾城市群的协同发展研究［J］. 港口经济，2017（7）：55－57.

[20] 安国俊，王钦方. 地方绿色金融发展的路径选择［J］. 群言，2017（8）：26－28.

[21] 冯馨，马树才. 中国绿色金融的发展现状、问题及国际经验的启示［J］. 理论月刊，2017（10）：177－182.

［22］李致远，许正松．发达国家绿色金融实践及其对我国的启示［J］．鄱阳湖学刊，2016（1）：78－87＋127．

［23］周兴云，刘金石．我国区域绿色金融发展的举措、问题与对策——基于省级政策分析的视角［J］．农村经济，2016（1）：103－107．

［24］阙晋园．泛北部湾经济合作背景下城市群发展问题研究［J］．河南商业高等专科学校学报，2012，25（3）：50－53．

［25］邱灵敏．广西北部湾城市群政府合作研究［J］．山东省经济管理干部学院学报，2010（4）：17－19＋27．

［26］于永达，郭沛源．金融业促进可持续发展的研究与实践［J］．环境保护，2003（12）：50－53．

［27］何建奎，江通．"绿色金融"与经济的可持续发展［J］．生态经济，2006（7）：78－81．

［28］王卉彤，陈保启．环境金融：金融创新和循环经济的双赢路径［J］．上海金融，2006（6）：29－31．

［29］邓常春．环境金融：低碳经济时代的金融创新［J］．中国人口·资源与环境，2008（18）：125－128．

［30］马俊．论构建中国绿色金融体系［J］．金融论坛，2015（5）：18－27．

［31］Salazar，J. Environmental Finance：Linking Two World［Z］．Presented at a Workshop on Financial Innovations for Biodiversity Bratislava，1998（1）：2－18．

［32］Cowan，E. Topical Issues in Environmental Finance［Z］．Research Paper Was Commissioned by the Asia Branch of the Canadian International Development Agency（CIDA），1999（1）：1－20．

［33］Labatt，S.，White，R. Environmental Finance：A Guide to Environmental Risk Assessment and Financial Products［M］．Canada：John Wiley & Sons. Inc.，2002．

附　录

北部湾城市群发展规划

北部湾城市群背靠祖国大西南、毗邻粤港澳、面向东南亚，位于全国"两横三纵"城镇化战略格局中沿海纵轴最南端，是我国沿海沿边开放的交汇地区，在我国与东盟开放合作的大格局中具有重要战略地位。依据《中华人民共和国国民经济和社会发展第十三个五年规划纲要》、《国家新型城镇化规划（2014—2020 年)》、《全国主体功能区规划》和《全国海洋主体功能区规划》，特制定本规划，作为未来一个时期培育发展北部湾城市群的指导性、约束性文件。

北部湾城市群规划范围包括广西壮族自治区南宁市、北海市、钦州市、防城港市、玉林市、崇左市，广东省湛江市、茂名市、阳江市和海南省海口市、儋州市、东方市、澄迈县、临高县、昌江县，陆域面积 11.66 万平方公里，海岸线 4234 公里，还包括相应海域。2015 年末常住人口 4141 万人，地区生产总值 16295 亿元，分别占全国的 3.01% 和 2.25%。

规划期为 2017—2020 年，展望到 2030 年。

第一章　规划背景

培育发展北部湾城市群，发挥其东承西联、沿海沿边的独特区位优势，有利于深化中国—东盟战略合作、促进 21 世纪海上丝绸之路和丝绸之路经济带的战略互动，有利于拓展区域发展新空间、促进东中西部地区协调发展，有利于推进海洋生态文明建设、维护国家安全。

第一节　发展基础

资源要素禀赋优越。北部湾城市群地处热带亚热带，坐拥我国南部最大海湾，生态环境质量全国一流，港口、岸线、油气、农林、旅游资源丰富，地势平坦，国土开发利用潜力较为充足，环境容量较大，人口经济承载力较强。

发展活力日渐提升。北部湾城市群经济增速近年持续保持在全国平均水平以上，海洋经济、休闲旅游等特色产业和临港型工业集群正逐步形成，创新创业活力不断涌现，人力资源较为丰富，经济综合实力不断增强。

开放合作不断深化。以北部湾港口群为起点的海上开放通道和以边境口岸为支撑的陆上开放通道加快形成，中国—东盟博览会、海南国际旅游岛、重点开发开放试验区、边境经济合作区、中马"两国双园"等开放平台建设有序推进，开放合作领域不断拓展，开放型经济初具规模。

城镇发展基础较好。南宁市已发展成为 300 万人以上的大城市，海口、湛江等城市引领作用逐步增强，南（宁）北（海）钦（州）防（城港）、湛（江）茂（名）阳（江）、海（口）澄（迈）文（昌）等地区城镇较为密集，其他中小城市和小城镇发育加快，热带亚热带城市风貌特征明显，基础设施日益完善。

社会人文联系紧密。北部湾城市群各城市文化同源、人缘相亲、民俗相近，人文交流密切，区域认同感较强，粤桂琼三省（区）海洋、旅游、生态治理等领域合作不断加强，毗邻区域合作逐步推进。

第二节 突出问题

经济发展水平总体不高。人均地区生产总值低于全国平均水平，人口密度和经济密度低于毗邻国家的一些地区，传统产业发展转型面临突出困难，先进制造业和现代服务业发展相对滞后，新旧动能转换仍需进一步加速。

中心城市功能亟待加强。区域内缺乏辐射带动作用强的特大城市，南宁等中心城市集聚和辐射效应不足，对高端生产要素吸引力不强，创新创业不够活跃，宜居水平有待提高，对外开放的枢纽作用尚待增强，城市综合竞争力仍需提升。

城市数量少且联系不够紧密。城市群内仅有 22 座城市、538 个建制镇，每万平方公里城镇仅 48 个，城镇分布较为稀疏。港口城市多以重化工业为主，相互间经济联系不够紧密，港口间存在无序竞争现象。省际城市间缺少高效便捷交通通道，产业结构趋同，分工协作不够，孤立发展特征较明显。

基础设施建设有待完善。基础设施投入不足、欠账较多，高等级运输通道较少，机场航线设置偏少，与国内外联系通道不畅。城际交通网络不健全，互联互通和运输服务水平亟待提高。湾区环境约束日益趋紧。北部湾为半封闭海湾，海流较弱，不利于污染物扩散与降解，近岸海域污染呈上升趋势，海洋环境污染风险加大，生态系统服务功能退化趋势尚未得到根本遏制，开发与保护的矛盾日益突出。

第三节 战略机遇

"一带一路"建设深入推进，中国—东盟自贸区升级版建设顺利开展，为北部湾城市群充分发挥独特区位优势，全方位扩大对外开放和以开放促发展提供了更大空间。国家新型城镇化和西部大开发战略深入实施，为北部湾城市群发挥政策效应，做大做强各类城市，拓展发展新空间提供了更强劲动力。国内消费结构升级和供给体系优化，为北部湾地区发挥生态海湾优势，发展绿色经济提供了更广阔市场。珠三角等发达地区进入产业转型升级新阶段，为北部湾地区发挥后发优势，承接产业转移，夯实产业基础提供了更有力支撑。

第二章　总体要求

培育发展北部湾城市群，必须着眼全国开放发展大格局，充分发挥开放引领作用，立足蓝色海湾，加快绿色崛起。

第一节　指导思想

全面贯彻党的十八大和十八届三中、四中、五中、六中全会以及中央城镇化工作会议、中央城市工作会议精神，深入贯彻习近平总书记系列重要讲话精神和治国理政新理念、新思想、新战略，认真落实党中央、国务院决策部署，统筹推进"五位一体"总体布局和协调推进"四个全面"战略布局，牢固树立和贯彻落实新发展理念，着力推进供给侧结构性改革，加快培育发展新动能，拓展发展新空间，以共建共保洁净海湾为前提，以打造面向东盟开放高地为重点，以构建环境友好型产业体系为基础，发展美丽经济，建设宜居城市和蓝色海湾城市群，充分发挥对"一带一路"有机衔接的重要门户作用和沿海沿边开放互动、东中西部地区协调发展的独特支撑作用。

第二节　基本原则

开放引领，绿色崛起。坚持打好开放和绿色两张牌，以开放促开发，以绿色谋发展，构建高层次开放平台和综合性开放通道，推动开放型经济体系和绿色产业体系、低碳城市建设运营模式相互支撑、互促共融，培育开放发展新优势，提升绿色发展竞争力。

陆海统筹，科学布局。将陆域和海域空间作为整体进行谋划，以陆域腹地服务海洋开发保护，以海湾环境容量约束陆地和海洋资源开发，提升陆海统筹发展水平。坚持节约资源和保护环境的基本国策，根据资源环境承载能力和国土开发适宜性评价，科学划定城镇、农业、生态空间及生态保护红线、永久基本农田和城镇开发边界，促进空间均衡发展。

优势互补，协同发展。着眼于提升区域整体竞争力，充分发挥各地比较优势，科学定位各城市职能，推动中心城市与中小城市、沿边城市与内陆城市、港口城市与腹地城市错位合作发展，同步推进城乡发展一体化和农业现代化，形成优势互补、功能完备、城乡一体的协同发展格局。

市场主导，政府引导。遵循城市群发展规律，充分发挥市场配置资源的决定性作用，更好发挥政府在空间开发管制、基础设施布局、公共服务供给、体制机制建设等方面的作用，促进资源要素充分流动和高效配置，有力有效加快城市群建设进程，全面提升发展质量。

第三节　战略定位

北部湾城市群的总体定位是：发挥地缘优势，挖掘区域特质，建设面向东盟、服务"三南"（西南中南华南）、宜居宜业的蓝色海湾城市群。

围绕总体定位，加快在以下发展定位上实现突破：面向东盟国际大通道的重要枢纽。充分发挥与东盟国家海陆相连优势，强化中国—中南半岛陆上国际大通道建设，完善以北部湾港口群为起点的海上运输大通道，构建中国—东盟国际信息通道，打造与东盟国家便捷联系的国际大通道枢纽。

"三南"开放发展新的战略支点。充分发挥作为"三南"地区重要出海口的作用，畅通与成渝、黔中、滇中、长江中游等城市群间的快速多向连接，推动内陆省份全面深化与东盟的交流合作。加强与粤港澳大湾区、珠江—西江经济带联动发展，优化区域合作机制，加快形成东中西部地区协调互动、优势互补的发展新格局。

21世纪海上丝绸之路与丝绸之路经济带有机衔接的重要门户。依托独特区位优势，贯通我国西部地区与中南半岛的南北陆路新通道，强化北部湾港口群国内国外交通连接作用，推动21世纪海上丝绸之路与丝绸之路经济带的交汇对接、衔接互动。面向"一带一路"沿线国家，加快打造国际产能合作先行基地、重要服务平台、人文交流纽带。

全国重要绿色产业基地。按照存量绿色化改造、增量高端化发展的要求，以提供绿色农海产品、高附加值制成品、生态旅游产品为重点，淘汰转移一批不符合城市群总体定位的产业，加快建设一批特色农业基地、循环产业示范区、现代服务业集聚区，实现临港工业绿色智能发展，构建适应湾区环境要求的产业体系。

陆海统筹发展示范区。统筹推进陆域基础设施建设、产业和城镇布局、人口分布等与自然岸线利用、海洋环境保护，统筹入海河流治理与近岸海域保护，统筹近海开发与远海资源利用，促进陆域经济和海洋经济良性互动发展，建设南海开发利用服务保障基地，探索陆海协调、人海和谐的发展新模式。

第四节　发展目标

中期目标。到 2020 年，基本建成生态环境优美、经济充满活力、生活品质优良的蓝色海湾城市群框架。

蓝色海湾生态格局基本确立。以主体功能区为基础的国土开发格局基本形成，集约紧凑式开发模式成为主导，绿色产业体系初具雏形，海陆生态环境资源得到有效保护，整体环境质量保持在全国前列。陆地生态空间占比稳定在43% 以上，自然岸线保有率稳步提高，近岸海域水质整体达到二类标准以上。

对内对外开放新格局有效构建。面向东盟的立体化国际大通道基本建成，开放合作新机制和平台更加完善，"一带一路"有机衔接重要门户作用初步显现，开放型经济向更广领域和更高层次迈进，国际竞争新优势初步形成。与珠江三角洲、成渝、长江中游等城市群联系更加紧密。

城镇体系和基础设施支撑体系初步健全。南宁、海口、湛江辐射带动作用明显增强，节点城市、口岸城市、新兴城市不断发展壮大，城市间分工联系更加密切。内畅外通、便捷高效的城市群交通运输网络骨架基本形成，能源、水利设施保障能力明显提升，面向东盟的信息枢纽作用更加突出。

一体化发展体制机制基本建立。阻碍要素自由流动的行政壁垒和体制机制障碍基本消除，区域市场一体化步伐加快，基础设施互联互通、基本公共服务均等享有、生态环境联防联治的机制初步建立，毗邻地区合作发展取得成效。

远景展望。到 2030 年，城市群建设达到国际一流品质，面向东盟开放合作的战略高地全面建成，城镇体系更加完善，城镇人口总量和经济密度显著提升，绿色产业竞争力明显提高，实现向国家级城市群的战略性跃升。

第三章 构建适应资源环境承载能力的空间格局

依据资源环境承载能力和国土空间开发适宜性评价，明确区域主体功能定位和城镇、农业、生态三类空间范围，形成北部湾城市群的空间开发基底。优化城镇化空间布局和形态，推动各类城市协调发展，构筑城市群空间骨架。

第一节 强化陆海空间功能分区管控

坚持区域主体功能定位。按照全国主体功能区规划、全国海洋主体功能区规划和三省（区）陆域、海域主体功能区规划，明确不同县（市）主体功能定位，构建北部湾城市群陆海统筹的主体功能分区格局。

科学划定三类空间。在主体功能分区基础上，进一步缩小空间单元，坚持生态优先，划定生态保护红线和生态空间，再依次确定农业、城镇空间范围，并划定永久基本农田和城市开发边界。

明晰国土空间分类管控方向。生态空间是指具有自然属性、以提供生态服务或生态产品为主体功能的国土空间，约占北部湾城市群陆域面积的 48.5%，原则上按限制开发区域进行用途管制，其中生态保护红线范围内的空间原则上按禁止开发区域进行用途管制。农业空间是以提供农产品为主体功能的国土空间，约占陆域面积的 40.8%，原则上按限制开发区域进行用途管制，其中的永久基本农田原则上按禁止开发区域进行用途管制。城镇空间是以推进新型工业化城镇化为主体功能的国土空间，约占陆域面积的 10.7%，按照集约紧凑高效的原则进行开发和管控。

第二节　打造"一湾双轴、一核两极"城市群框架

彰显湾区特色，强化南宁核心辐射带动，夯实湛江、海口的支撑作用，重点建设环湾滨海地区和南北钦防、湛茂阳城镇发展轴，提升国土空间利用效率和开发品质，打造"一湾双轴、一核两极"的城市群框架。

"一湾"，指以北海、湛江、海口等城市为支撑的环北部湾沿海地区，并延伸至近海海域。坚持生态优先，控制开发强度，瞄准世界一流品质，统筹岸线开发、港口建设、产业发展和城镇布局，提升基础设施现代化水平，着力实现特色城镇串珠分布、开发岸线有序镶嵌，打造环北部湾沿海经济带，建设蓝色宜居宜业海湾。

"双轴"，指南北钦防、湛茂阳城镇发展轴。南北钦防城镇发展轴依托南宁—北海综合运输通道，以南宁、北海等为重点加快发展现代服务业、先进制造业，推动钦州和防城港深度同城化发展，强化面向东盟开放合作平台建设。湛茂阳城镇发展轴依托沿海综合运输通道，推动湛茂一体化发展，辐射带动阳江等地区加快发展，提升临港产业绿色发展水平，建设珠三角连接东盟、北部湾城市群连接港澳的陆路大通道。

"一核"，指南宁核心城市。以加快建设南宁特大城市和区域性国际城市为目标，推进要素集聚，强化国际合作、金融服务、信息交流、商贸物流、创业创新等核心功能，建设现代产业集聚区，规划建设五象新区等对外开放合作平台，构建"一带一路"有机衔接的门户枢纽城市和内陆开放型经济高地。带动吴圩—扶绥、伶俐—六景、宾阳—黎塘等城镇组团一体化发展，打造引领北部湾、面向东盟的现代化大都市区。

"两极"，指以海口和湛江为中心的两个增长极。以共同打造21世纪海上丝绸之路战略支点城市为方向，充分发挥海口综合政策优势，推动集约集聚发展，推进海澄文一体化，加快建设海岛及南海海洋研发和综合产业开发基地；

充分发挥湛江南方大港优势，加快构建区域性综合交通枢纽、先进制造业基地和科教创新中心，建设全国海洋经济创新发展示范城市、生态型海湾城市。

第三节　优化提升城市规模结构

做大做强南宁、海口、湛江等中心城市，做强做优北海、钦州、防城港、玉林、崇左、茂名、阳江、儋州等重要节点城市，做多做精中小城市和特色镇，提升城市建设品质，塑造城市特色风貌，推动大中小城市和小城镇协调发展。

做强做优重要节点城市。强化重要节点城市综合承载能力，合理确定城镇发展规模，完善市政设施，加快产业和人口集聚，提高要素集聚、科技创新、文化引领和综合服务功能。强化北海、防城港、钦州、儋州（洋浦）对蓝色宜居湾区建设的支撑作用，强化茂名、阳江与珠三角城市群的联系，强化玉林带动粤桂交界地区发展和崇左带动沿边城镇开发开放的能力。

做多做精中小城市和特色小城镇。优化提升北流、廉江、雷州、高州、阳春等中小城市。以横县、宾阳、灵山、合浦、容县、博白、陆川、昌江、临高、澄迈等县为重点，以黎塘、六景、官渡等特大镇为补充，加快培育发展一批经济基础较好、人口规模较大、资源环境承载能力较强的中小城市。推动小城镇建设与特色资源开发相结合，因地制宜发展特色产业，改善人居环境，完善基础设施和公共服务能力，努力打造一批特色鲜明、产城融合、充满魅力的小城镇。

加快陆路边境口岸城镇发展。支持东兴、凭祥依托重点开发开放试验区和边境经济合作区等平台，完善交通、金融、贸易和跨境旅游等综合功能，大力发展口岸经济和特色文化旅游。提升友谊关、爱店、水口、硕龙等沿边城镇的基础设施水平，发展边境贸易，打造中越开放合作的边境口岸城镇。加快提升口岸城镇功能，落实好人员往来、加工物流、旅游等方面的差别化政策，提高投资贸易便利化水平和人流物流便利化程度。

第四节　推进新型城市建设

顺应现代城市发展新理念新趋势，有机融入北部湾地区特色，推动城市绿色智能发展，增强历史文化魅力，全面提升城市品质。

建设绿色城市。把城市建设与山水林田湖系统保护紧密结合起来，融合滨海、山水、田园、文化等多种元素，统筹城市生产、生活、生态空间布局，打造人与自然和谐相处的热带亚热带绿色城市。推进森林城市建设，严格保护城市水系水体和绿心，织水成网、连绿成廊、水绿交织，开展生态修复、城市修补改造，推动城市建设显山露水、透绿见蓝。加快城市产业转型升级，推动园区循环化改造，推广绿色清洁生产。发展绿色能源，推广绿色建筑、装配式建筑和绿色建材，构建绿色交通体系。

建设海绵城市。加强水利基础设施和海绵城市建设，提高城市吸水、蓄水、渗水、净水能力。推进海绵城市建设试点，推广海绵型建筑与小区、道路与广场、公园与绿地模式，恢复和增强城市海绵体功能，就地消纳和利用雨水资源，整治城市建成区内的黑臭水体。积极推进城市地下综合管廊建设，强化管线入廊管理，提高城市排涝能力。

建设智慧城市。依托中国—东盟信息港，加快推进大数据、云计算、物联网等新一代信息技术在城市建设管理中的应用。推进城市规划、土地利用、地下管线和空间管理、园林绿化、建筑管理、历史文化街区保护等方面的信息化建设，加快智慧城市时空信息云平台建设，大力发展智慧市政、智慧交通、智慧港口、智慧能源、智慧社区、智慧园区，推进南宁、海口、湛江、北海、钦州、玉林、儋州等智慧城市建设。

建设人文城市。将秀美的滨海风光、多彩的民族风情、独特的边关优势、丰富的历史文化融入城市建设。沿海城市要突出海水、沙滩、阳光、港湾等滨海元素，沿边城市要突出边关风情和东盟元素，少数民族聚居的城市要突出民族元素。建设一批历史文化名城、名镇和街区，塑造城市文化品牌。

第四章　打造环境友好型现代产业体系

坚持绿色化、特色化发展方向，化资源优势为产业优势，以全面开放促产业发展，改造提升传统产业，大力发展海洋经济，培育壮大发展新动能。以集聚集约集群促产业提升，培育一批有特色优势的产业集聚区，创建一批新型工业化产业示范基地，全面夯实城市群产业基础。

第一节　培育绿色产业集群

推动临港工业绿色化改造。依托钦州、防城港、铁山、湛江、茂名、洋浦等港区和重点工业园区，推进传统工业绿色化改造升级，构建绿色制造体系，实现绿色产品、绿色工厂、绿色园区和绿色供应链全面发展，打造在全国具有重要影响力的湾区生态型工业集群。推进炼化一体化，发展中高端石化产品，健全产业链，打造具有较强竞争力的石化产业集群。推进北海、钦州、防城港、儋州（洋浦）、东方、阳江等能源基地绿色化改造。推进冶金产业清洁转型，打造以宝钢湛江基地为龙头的冶金精深加工产业集群。

培育新兴产业集群。依托陆海资源优势，联合打造一批创新型园区、海洋特色产业园区、战略性新兴产业基地及新闻出版、广播影视产业基地（园区），培育电子信息、高端装备、海洋产业、新能源、生物、地理信息等新兴产业集群。以南宁、海口高新技术产业园区和北海工业园区为核心，打造电子信息产业集群。推动重型机械、船舶、石化装备制造等向港区集中，打造高端装备制造基地。推进湛江国家海洋高技术产业基地、北海海洋产业科技园区建设，打造北海、防城港、钦州、阳江新能源基地。依托南宁国家高技术生物产业基地、国家南繁育制种基地等，加快发展生物医药、生物制造等生物产业。

构建现代服务业集群。以商贸物流、信息服务、现代金融、商务会展、海洋服务、文化服务等为重点，推进南宁、海口等城市现代服务业集聚发展。提升南宁物流枢纽功能，打造钦州、防城港、湛江、玉林、茂名综合型商贸物流基地。提升南宁、湛江跨境金融服务功能，推动区域金融改革创新，研究开展海南离岸金融试点。强化中国—东盟博览会等会展品牌效应，提升发展中国—东盟商品交易中心，构建以南宁和海口为中心，其他城市为节点的会展体系。发展大健康产业，打造富有滨海和山水特色的健康养生基地。

发展特色农海产品加工集群。以打造"北部湾绿色健康产品"品牌为发展方向，推广先进实用装备、综合利用和质量安全技术，推进原料保障、食品加工、物流营销一体化发展，延长农海产品加工链条，联合打造制糖、粮油、饮料（茶叶）、肉禽、水产品、林果等特色农林产品加工基地，初步建成绿色农业产业集群。培育壮大农业产业化龙头企业，构建全链条的海洋产业和现代农业，促进农村一二三产业融合发展。建设雷州半岛热带亚热带现代农业示范区。

共建国际旅游休闲目的地。加快发展休闲度假、生态旅游、边境旅游、民族风情、健康养生、乡村旅游、红色旅游等业态，促进旅游业转型升级，提升城市群国际化旅游服务品质。以建设海南国际旅游岛、北海银滩国家旅游度假区以及海花岛旅游度假区、阳江海陵岛大角湾海上丝路旅游区、湛江"五岛一湾"滨海旅游示范区为重点，推进东兴—芒街、德天—板约等跨境旅游合作区建设，构建大中小城市协作协同的旅游发展格局。深入挖掘骆越、壮族、黎苗、百越、疍家、客家等特色文化资源，强化南宁、北海、崇左、湛江、海口等交通连接，打造环湾特色旅游线路。整合沿海岸线旅游资源及南海岛屿旅游资源，发展精品邮轮游艇线路。推进在重点城市实行针对特定国家和地区的免签、落地签政策。

发展壮大军民融合产业。按照军民融合、陆海统筹、资源共享、集聚发展的要求，依托南宁、钦州、防城港优势产业创新平台，打造北斗卫星导航技术产业园，推动卫星导航系统应用核心元器件产业化。打造海口、湛江、茂名航空航天产业配套基地。共建军民融合公共服务平台，推动建设一批军民融合创新孵化中心、众创空间和产业示范园区，促进军地科技资源开放共享和军民两用技术相互转化。推进海上船舶观测和航路管理、海底海面海上低空立体观测、岛礁建设与综合管养、人工浮岛、海水淡化、水陆两用飞行器、海洋卫星、自主星载船舶自动识别系统（AIS）、船联网、船载功能模块等项目开发建设，加快海洋动力环境卫星应用。

专栏 1 特色优势产业布局重点

高端装备制造产业集群：

轨道交通、通用航空、汽车制造重点布局在南宁、湛江、钦州、海口，港作机械、轻型飞机重点布局在钦州、防城港，工程机械重点布局在玉林，游艇制造重点布局在防城港，海洋工程、海洋装备制造、港口设备制造重点向沿海港口地区集中，冶金设备制造重点布局在湛江、茂名

冶金石化产业集群：

打造湛江钢铁基地，建设阳江高端不锈钢产业基地，有色金属冶炼、原油加工、油气开发和精细化工、化工新材料等产业重点向沿海产业基础较好的少数城市集中

电子信息产业集群：

在南宁、北海、钦州布局建设计算机整机生产与零配件产业基地、光电显示研发基地和电子信息产业园，打造南宁—钦州—北海电子信息核心产业带

旅游产业集群：

打造北部湾滨海旅游带，邮轮游重点布局在海口、北海；滨海游重点布局在海口、北海、钦州、防城港、湛江、茂名、阳江；养生游重点布局在北海、海口、湛江；以崇左、防城港为重点打造边关风情旅游发展带

第二节 搭建产业发展平台

建设中国—东盟产业合作园。深入参与中国—中南半岛国际经济走廊建设和中国—东盟港口城市合作网络，推进与东盟国家跨国（境）产业园区建设，提升园区合作层次。支持中马钦州产业园区加快发展，推进中马"两国双园"、中泰（玉林）旅游文化产业园、中泰（崇左）产业园、广东奋勇东盟产业园等产业合作新平台建设。创新园区建设模式，鼓励采用政府共建、企业共建、"托管"共建的多元方式建设跨国（境）产业园区。

构建区域间产业协作平台。探索建立区域产业协作利益共享和持续发展的长效机制，鼓励与国内发达地区、海外战略投资者共建产业园区。通过联合出资、项目合作、资源互补、技术支持等多种方式，推进湛江—北海粤桂北部湾经济合作区、珠三角产业转移园等跨区域合作园区建设，深化区域产业分工协作。支持城市群各城市间合作共建产业园区，逐步形成横向错位发展、纵向分工协作的发展格局。

推动新城新区健康发展。严格新城新区设立条件，控制新城新区建设规模。统筹生产区、办公区、生活区、商业区等功能区规划建设，推进功能混合和产业融合，在集聚产业的同时集聚人口，防止新城新区空心化。加快南宁经济技术开发区、南宁高新技术开发区、湛江经济技术开发区、茂名高新技术开发区等产业转型升级和城市功能改造。整合优化园区资源，推动园区资源共享、优势互补、联动发展，提升园区创新创业能力。

第三节 合理承接产业转移

打造双向承接产业转移平台。面向东盟及"一带一路"沿线国家，积极参与国际产业对接和产能合作，构建东盟企业进入中国的"落脚点"和中国企业走向东盟市场的"始发站"，汇聚国际国内双向产业资源。吸引海内外投资者在重点产业集聚区设立加工制造基地、配套基地、研发中心、采购中心和物流中心。建立产业转移跨区域合作机制，鼓励以连锁经营、委托管理、投资合作等多种形式合作共建跨区域产业园区。

强化承接产业转移管理。制定城市群统一的承接产业转移政策，实施严格的污染物排放标准和环境准入标准。严格禁止高耗能、高污染和其他可能削弱地区资源环境承载能力的项目，避免低水平重复建设和产能过剩项目引进。

优化承接产业转移环境。深化简政放权、放管结合、优化服务改革，实施企业投资项目准入负面清单、行政审批清单、政府监管清单管理，建立以"一站式服务"为核心的政府公共服务平台，探索建立分产业、分功能区的协调服务机制。加快产业园区基础设施建设，完善产业配套服务体系。加大市场经济秩序整治力度，构建公平竞争的市场环境，保障投资者合理权益。

第四节　提高创新创业能力

推进区域协同创新。围绕突破海洋高技术、绿色清洁生产技术、生物产业关键技术等重点领域，推进湛江"南方海谷"高新科技产业园等重大项目建设。优化创新资源配置方式，联合建设关键技术创新平台，探索建立科技基础设施、大型科研仪器和专利信息共享机制，深化区域创新研发、集成应用、成果转化协作。大力实施大众创业、万众创新，推动产业链协同创新，鼓励大中型企业通过生产协作、开放平台、共享资源、开放标准等方式，带动小微企业发展。

专栏2　主导产业关键领域创新方向

新一代信息技术：

重点发展电子商务、游戏动漫和服务外包等应用服务产业，大数据、研发设计、数字内容、物联网、地理信息与卫星导航等数字平台支撑型产业，"互联网＋"工业、"互联网＋"旅游、"互联网＋"物流等"互联网＋"产业

高端装备制造：

培育发展现代物流装备、现代农业装备、现代航空装备、轨道交通装备、光机电一体化、卫星及应用产业、超高压输电设备、智能制造装备（机器人、智能安防装备等）、高效内燃机、风电设备、海洋工程装备和修造船、海水淡化装备、高端船舶装备、高效节能环保装备、高端零部件及关键基础部件等产业

生物医药：

大力发展生物制药、海洋医药制品、中药和民族药等，积极发展绿色生物工艺装备等

新材料：

大力发展新型合金材料、电子信息材料、稀土功能材料、纳米材料、新型化工材料、新型建筑材料，培育发展石墨烯、镍铜、医药新材料等

新能源：

稳妥发展核能，有序发展风能、生物质能、海洋能、太阳能等清洁能源，建设智能电网和分布式能源，鼓励发展热电联产

节能环保：

大力发展空气净化、海水淡化与综合利用、小型污水处理成套设备等节能环保设备和水处理、固体垃圾降解等节能环保药剂，加快资源循环利用关键性技术研发与成果应用

新能源汽车：

重点推动电机驱动、增程器、充电设施、电池与电池管理等核心技术攻关，发展整车制造

营造创新创业良好生态。整合公共服务资源，探索建立政府引导、中介服务、社会参与三位一体服务模式，积极发展创业辅导、信息咨询、技术支持、

成果交易等公共服务，有条件的城市可探索提供并规范发展融资担保服务。建设南宁·中关村双创中心、湛江为树双创空间、海口复兴城互联网创业基地、玉林小微企业创业创新基地等，鼓励创客空间、创业咖啡等新型创业空间发展，完善投融资模式，强化创新创业支持。

培育引进创新创业人才。实施更加积极的人才政策，为各类人才提供更加便利的工作和生活条件。大力引进国际化科技人才和高水平创新团队，吸引外籍人才和国内优秀人才到北部湾城市群创新创业。探索构建国际合作人才培养模式，积极培养高技能人才、职业经理人和中层管理人员。完善人才激励机制，健全科研人才双向流动机制，充分激发人才活力。

引导农民工返乡创业。落实金融、财政等支持政策，降低农民工创业门槛，加强基层就业服务平台和实训基地建设，强化返乡农民工创业培训。结合农村一二三产融合发展和特色镇建设，因地制宜建设一批农民创业园和返乡农民工创业园。

第五章　推动基础设施互联互通

统筹推进交通、信息、能源、水利等基础设施网络建设，打通对外联系通道，提升内部连通水平，推进军地资源优化配置、功能兼容、合理共享，强化基础设施支撑和保障能力。

第一节　构建综合交通运输网络

打造空海航运体系。以南宁、海口机场为重点，以湛江、北海、玉林、儋州机场为支撑，若干通用机场为补充，形成分工明确、合作紧密的机场群。提升南宁、海口机场的国际化水平，实现与东盟国家主要城市航线全覆盖，构建面向东盟的空中国际门户。优化沿海港口布局和分工协作，避免恶性竞争和重复建设，突出海口港和北海港的客运功能，突出湛江港、钦防港群的货运枢纽港功能，突出茂名港和洋浦港的货运功能，有序推进邮轮码头建设，加快深水泊位、专业码头和深水航道等配套设施建设。强化港口集疏运体系规划建设，提高多式联运水平。培育发展金融、保险、海事、信息等港航服务业，增强港口辐射能力，打造中国—东盟港口城市合作网络。

加强与东盟国家陆路互联互通。研究建设南宁—崇左铁路，推进东兴—芒街—下龙—河内、凭祥—河内高速公路等跨境公路建设，对接泛亚铁路，提升与越南、马来西亚、新加坡等国家互联互通水平。提升边境口岸集疏运能力，加快建设防城港—东兴铁路、崇左—水口高速公路等，实现边境口岸与城市群内部多通道高效联通。

畅通对接"三南"陆路通道。建设南北陆路新通道，推进南宁—贵阳、合浦—湛江高速铁路建设，规划建设防城港—文山—蒙自铁路，推进湛江—海口铁路改造，强化与成渝、黔中、滇中等西南地区城市群的联系。推进南宁—柳州—长沙高速公路扩建和铁路改造，建设玉林—桂林高速公路，提升外联中南地区的能力。推进茂名—深圳铁路建设，加快实施黎塘—湛江铁路电化改造，规划研究茂名—广州铁路，积极推动南宁—浦北—云浮高速公路建设，加强与珠三角城市群的联系。

构筑城市群内快速交通网络。以南宁、海口、湛江全国性综合交通枢纽为支点，以高速铁路、城际铁路、普通铁路等多层次轨道交通和高等级公路为骨干，构建"两横两纵一环"综合交通网络。打通防城港—钦州—湛江—阳江沿海高速铁路通道，推进南宁—崇左城际铁路和南宁—浦北—云浮高速公路建设，构建"两横"骨干通道。提升南宁—北钦防高速铁路城际服务功能，规划贵港—玉林城际铁路，开展湛江—海口跨海通道前期论证，构建"两纵"骨干通道，力争实现主要城市间 2 小时通达、邻近城市间 1 小时通达。贯通广西滨海公路、海南环岛旅游公路，形成"环湾"交通通道。实施国省干线公路提级改造，加强地区间互联互通，提升交通网络覆盖范围和连通程度。规划建设防城港—崇左—靖西沿边铁路，推进边境公路提级改造工程。

提升客货运输服务水平。按照"零距离换乘、无缝化衔接"要求，强化重点区域交通规划、建设和管理协调，完善重大交通设施布局和建设，加强各种运输方式的衔接和综合交通枢纽建设，打造枢纽城市内部铁路、公路、机场、港口安全便捷换乘换装体系。优化运输组织，创新服务方式，推进城际、城乡客运服务公交化运营，实现不同运输方式间的"一票到底"联运服务。培育多式联运经营主体，鼓励发展多样化、专业化货运服务方式，实现全程无缝衔接的一体化运输服务。强化信息资源采集、整合和研判，加快智能交通系统建设，广泛应用大数据、云计算等新兴技术，促进互联网与交通网融合，提高客运网和物流网安全性和信息化水平。

专栏3　交通基础设施重点工程

铁路：

加快建设南宁—贵阳、合浦—湛江高铁，江门—茂名、湛江东海岛疏港铁路，实施黎塘—湛江铁路电化改造

规划建设防城港—东兴、防城港—靖西、茂名博贺疏港铁路、洋浦支线铁路，规划实施玉林—北海、益阳—玉林、湛江—海安、茂名—广州等铁路改造

公路：

加快推进凭祥—越南河内、东兴—越南下龙等高速公路，加快建设玉林—湛江、汕头—湛江、桂林（荔浦）—玉林、北海—柳州、南宁吴圩—浦北—云浮、万宁—儋州—洋浦等高速公路，实施柳州—南宁、南宁—钦州—防城港高速公路和沈海高速公路繁忙路段扩容改造工程

建设云浮罗定—茂名信宜、吴川市区—湛江国际机场高速公路和海南环岛旅游公路、广西滨海公路等项目，推进广西沿边公路改造

水运：

建设湛江港东海岛港区航道、防城港企沙南 30 万吨级航道、钦州港域 30 万吨级航道和 20 万吨级航道、北海铁山港域 15 万吨级航道、阳江港 10 万吨级航道、茂名港博贺新港区航道、珠江—西江航道等工程以及湛江港 30 万吨级航道改扩建等工程，建设防城港港域 20 万吨级锚地、钦州港域 30 万吨级危险品锚地、北海铁山港域 10 万吨级 LNG 大型专业锚地、湛江港锚地改扩建等水上支持保障系统

枢纽：

综合枢纽。建设南宁、海口、茂名、儋州等城市的综合客运枢纽以及徐闻港区综合交通枢纽

铁路枢纽。建设南宁铁路物流中心、南宁五象站、湛江西客站

港口枢纽。结合中科炼化项目实施建设配套码头，建设湛江港霞山港区通用码头、华信洋浦石油储备基地配套码头、防城港企沙南 30 万吨级码头、防城港港域 40 万吨级码头、茂名港博贺新港区通用码头以及湛江港宝满港区扩建等工程

机场枢纽。建设南宁机场第二跑道，实施海口机场扩建工程，新建玉林机场、儋州机场，研究迁建湛江机场，规划建设一批通用机场

注：具体工程项目以国家相关专项规划为准。

第二节　打造高速共享安全的信息网络

加快建设中国—东盟信息港。建设中国—东盟海陆跨境光缆等国际通信设施和中国—东盟区域性综合信息服务平台，构建以南宁为核心的技术合作、经贸服务、信息共享、人文交流等平台，建立网络教育资源互换共享机制。

加快构建新一代信息基础设施。完善区域高速网络布局，加快通信枢纽和骨干网建设，提升网络质量。实施"宽带城市群"工程，提高百兆接入能力，

推进城镇光纤到户，建成城市群高速宽带网。实施"无线城市群"工程，实现第四代移动通信（4G）网络城乡全覆盖，实现热点区域免费高速无线局域网（WLAN）全覆盖。整合城市"公共云"资源，建设南宁、海口、湛江三大综合数据服务中心，提高云资源应用水平。

搭建城市群信息服务平台。构建大数据基础资源体系，整合信息资源，推动跨城市、跨部门数据全面对接和共享。构建统一的地理信息公共服务平台，推进城市群政务信息共享和业务协同，建立数据资源清单，编制数据资源目录，制定相关技术体系、标准规范和推动机制，实现应急、公安、交通、消防、国土等多部门信息跨区域互联共享和协同联动。推进物流信息公用共享，构建覆盖城市群、联通全国、对接东盟的智能物流公共信息平台。

提升信息安全保障水平。突出重点，提升网络安全整体保障水平。贯彻实施国家网络安全等级保护制度，加强城市群网络安全工作监管。以城市群关键信息基础设施和大数据安全为重点，实现信息化建设与网络安全同步规划、同步实施、同步运行，严格落实网络安全责任制和各项网络安全等级保护工作，建立健全网络与信息安全信息通报机制，加强实时监测、通报预警、应急处置工作，严厉打击危害关键信息基础设施和数据安全的网络违法犯罪活动，构建网络安全综合防御体系，保障和促进城市群信息网络数据健康有序发展。

专栏4　信息基础设施重点工程

信息北部湾建设工程：

加快建设中国—东盟信息港，形成以南宁为支点的中国—东盟信息枢纽。构建中国与东盟的网上丝绸之路，加快推进南宁区域性国际信息中心建设。支持南宁、海口开展网络升级和应用创新示范工程，实现热点区域免费高速无线宽带局域网（WLAN）全覆盖。新建海口—湛江出岛光缆。完善城市群内部的光缆连接，提升骨干网络容量，扩大光纤到户和4G网络覆盖范围

> **宽带城市工程：**
>
> 开展城市宽带提速网络升级改造。城镇家庭用户宽带接入能力普遍达到 20Mbps 以上，并具备平滑升级至 100Mbps 的能力。加快布局下一代互联网，积极布局 5G 网络
>
> **宽带乡村工程：**
>
> 推进南宁、湛江、茂名、阳江等市行政村通光缆，提升农村地区宽带网络覆盖率

第三节　强化节水和水安全保障

提升水资源保障能力。以解决工程性缺水和饮水安全问题为重点，共同推进跨区域重大蓄水、提水、调水工程建设，重点实施南渡江引水工程。加大应急备用水源工程建设。积极开展再生水、雨洪水等非常规水资源综合利用，推动海水淡化规模化应用，建立多水源互济的供水安全保障体系。

> ### 专栏5　水安全保障工程
>
> **大中型灌区：**
>
> 推进驳英水库及灌区、红岭灌区工程建设，以及雷州青年运河灌区、高州水库灌区、合浦灌区、钦灵灌区等大型灌区续建配套与节水改造，加快罗坑水系灌区、根子水库灌区等中型灌区骨干工程改造
>
> **引调水：**
>
> 实施南渡江引水工程，开展玉林龙云水资源配置工程前期论证
>
> **重点水源：**
>
> 建设迈湾水利枢纽、天角潭水利枢纽等大型水库
>
> **跨界河流治理：**
>
> 整治中越界河披劳河、北仑河、左江流域界河段等

强化饮用水水源地保护。严格保护邕江—郁江水系等河流型与大王滩、洪潮江等水库型饮用水水源地。严格执行饮用水水源地保护要求，建立健全流域上下游地区饮用水环境风险综合防控和协同处置制度，共同防范和妥善应对饮用水突发环境事件。调整饮用水水源地保护区周边树种，禁种速生桉。

落实最严格水资源管理制度。严格取用水总量控制，强化流域和区域水资源统一配置，开展规划和重大项目布局水资源论证，落实以水定城、以水定产。加强水功能区限制纳污红线管理，严格控制入河污染负荷。强化工业、农业、生活和服务业等领域节水，在城市新区或社区推广中水利用，建设节水型社会。

第四节　提高能源清洁安全保障水平

优化能源供应结构。加快打造绿色低碳、保障安全的沿海电源基地。安全稳妥推动阳江、防城港、昌江等核电建设，有序发展天然气发电。大力发展可再生能源，加快推动陆上和海上风电资源开发，推进海洋能工程化应用与示范，因地制宜推进农光互补、渔光互补等分布式光伏建设，积极发展天然气分布式能源和天然气车船，推进生物质能源发展。严格控制火电规模，新建燃煤发电机组大气污染物排放浓度达到燃气轮机组排放限值。在严格保护海洋生态环境前提下，推动北部湾和南海油气资源开发利用。加强能源国际合作。

完善能源储运体系。完善城市群内电力主网架结构，加快实施南方电网跨海联网二回工程，开展城乡配电网升级改造和智能电网建设，提升电网运行效率和安全保障水平。加快沿海大型石油、液化天然气（LNG）储备基地建设，完善主要城市与各炼化基地间的成品油输送管道以及与各主要气源点间的天然气主干管网。统筹港口分工，推动北部湾大型煤炭储配基地和防城港、北海煤炭物流园区建设。

第五节　共筑防灾减灾体系

健全气象灾害防控体系。建设气象多灾种综合监测平台，强化灾害性天气和极端气候事件预报预警和实时监测。提升应对气象灾害能力，建设人工影响天气湛江试验基地和琼州海峡气象安全保障系统。提高海洋预警报精度和时效，增加渔港、避风锚地等避风点布局密度，提升建筑物、交通设施、供水电力通信设施等防御能力，强化海上搜救、渔业生产安全以及海上突发事件等海洋环境保障能力，有效应对台风等极端气象灾害。

健全水旱灾害防控体系。强化流域综合治理，加强江海堤围和水库（闸）除险加固，增强江河水库蓄引调洪能力，完善城市防洪排涝设施，有效防御洪涝及风暴潮。建设江河湖库水系连通工程，推进海南岛西北部、雷州半岛、北钦防等重点地区抗旱治理。

健全防震减灾体系。健全地震（海啸）灾害监测预警体系，提升地震信息服务能力。加强区域和城市生命线系统抗震设防，严格落实区域内各类工程抗震设防标准。加强城市避难场所建设，完善地震灾害应急预案，强化应急保障能力。

健全地质灾害防治体系。加强雷州半岛等重点区域地面沉降监测，开展大型矿山地质灾害调查，勘查排除重大地质灾害隐患。

深化水土流失综合治理，推进工程治理和搬迁重建，有效防治滑坡、山洪、崩塌及危岩、泥石流、地面塌陷等地质灾害。

健全消防等公共安全体系。结合石油化工、港航运输、物流商贸、能源储运等产业集聚发展和新型城镇化建设，加强城乡公共消防等防灾减灾基础设施建设和装备配备、物资储备，加快发展专业灭火救援队伍，提高应对各类灾害事故的能力。

第六章　共建蓝色生态湾区

优良的生态环境是北部湾城市群核心竞争力，必须把保住一泓清水作为不可突破的底线，坚持陆海联动、生态共建、环境共治，建好蓝色生态湾区。

第一节　构筑陆海一体生态安全格局

共建区域生态屏障。坚持群内群外生态建设联动，加快推进与城市群生态安全关系密切的重点生态功能区建设，重点推动大明山水源涵养及土壤保持生态功能区、六万大山—云开大山水源涵养生态功能区、四方岭—十万大山水源涵养与生物多样性保护生态功能区、云雾山—天露山生物多样性保护与水土保持生态功能区、海南岛中部水源涵养及生物多样性保护生态功能区等的保护和修复，建设环湾滨海生态保护带，构筑环绕城市群的生态屏障，维护蓝色海湾生态安全。严格自然保护区等禁止开发区域的监督管理。加强外来有害生物监测防控。

建设水系生态廊道。构建以左江、右江、邕江、郁江、绣江等西江水系和南流江、钦江、北仑河、九洲江、鉴江、漠阳江、南渡河、南渡江等独流入海水系为主体的河流绿色生态廊道，严禁围垦河湖水域，维护河湖水域、岸线等水生态空间。加强珠江流域防护林体系建设。加强生态清洁小流域建设和生态系统保护与修复，开展湖滨带、重点湖库及小流域水土流失综合治理。提升农田、农村集水区河段滨岸植被面源污染截留功能，提高城市河段植被的固岸护坡和景观等生态服务功能。

加强海岸线保护与管控。优化近岸海域空间布局，严格控制围填海规模，强化岸线资源保护和自然属性维护，加强生态修复，确保自然岸线保有率稳步提高。优化存量占用、严控增量建设，按照海洋功能区划，提高开发岸线利用率和配置效率，实行分区管控，最大限度降低城镇建设、基础设施、产业项目对海岸线的干扰和破坏。建立海岸线管理省际协作机制，建立健全海岸线动态监测机制，加强对占用岸线项目建设的跟踪监测和动态监管。

强化海洋生态系统保护与修复。加强沿海基干防护林带红树林、海草床、河口港湾湿地、海岛等重要海洋生态系统的保护，重点推进茅尾海、涠洲岛—斜阳岛珊瑚礁、合浦儒艮、山口红树林、湛江红树林、徐闻珊瑚礁、雷州白蝶贝、茂名放鸡岛文昌鱼、海陵湾近江牡蛎、鉴江口尖紫蛤等重要海洋保护区保护与建设。加大海洋生态修复力度，加快开展近岸海域湿地生态系统和典型海岛海洋生态系统修复工程。健全中越北部湾海洋生态保护国际合作机制。

第二节 推动环境联防联治

加强跨界水体污染治理。以小流域为单元推进水污染防治，重点加强九洲江、鹤地水库、黄华江、罗江等粤桂省际跨界河流、水库及南流江、鉴江、昌化江等跨市河流的水环境综合整治。开展近岸海域水环境保护，规范入海排污口设置，实施入海污染物总量控制和考核，严格约束陆域入海污染负荷，倒逼滨海地区产业绿色发展。

强化区域大气污染联防联控。突出治理好大气颗粒物污染，力争城市空气质量全面达优。重点抓好电力、冶金、石化、造纸等工业源治理，协同推进移动源、生活源、农业源综合治理。实施重点行业清洁生产技术改造，推行绿色交通，推进港口船舶大气污染防治。大力发展天然气等清洁能源以及生物质成型燃料等可再生能源。强化噪声源监管。

加强土壤污染防治和固体废物治理。结合城市环境质量提升和发展布局调整需要，以拟开发建设居住、商业、学校、医疗和养老机构等项目的污染地块为重点，开展土壤污染治理与修复。对污染耕地集中区域优先组织开展治理与修复。加强固体废物无害化处置与资源化利用。以化工、石化、有色金属冶炼等行业为重点，加强危险废物的无害化处置或综合利用，加强危险废物区域协同处置能力建设。

> **专栏6　重大生态保护与环境治理工程**
>
> **生态保护与修复工程：**
>
> 实施珊瑚礁自然恢复与人工繁育工程，十万大山自然保护区建设工程，合浦儒艮自然保护区建设工程，防城金花茶自然保护区建设工程，合浦山口、北仑河口、党江、茅尾海等红树林保护区建设工程，海陵湾近江牡蛎、鉴江口尖紫蛤国家级水产种质资源保护区建设工程，涠洲火山地貌自然遗址保护工程，雷州半岛生态修复工程
>
> **水环境改善工程：**
>
> 加强九洲江、南流江、昌化江、南渡江、黄华江、罗江、鉴江等跨省跨市河流水环境保护和综合治理工程，推进邕江综合整治工程，开展城镇内河（湖）环境综合整治工程
>
> **海洋污染防控工程：**
>
> 实施近岸海域主要入海河口和陆源排污口综合整治和监管，推进港口船舶油污水、生活污水以及船舶废弃物接收处理设施建设，建立海洋生态环境监测体系
>
> **水土保持工程：**
>
> 加强南宁市、崇左市等岩溶石漠化地区水土流失综合治理，开展城市周边和重要水源地生态清洁小流域建设

第三节　加强环境影响评价

密切跟踪规划实施对区域、流域、海域生态系统和环境以及人民健康产生的影响，重点对资源开发、城市建设、产业发展等方面可能产生的不良生态环境影响进行监测评估。建立重点生态功能区监管制度。对纳入规划的重大基础设施建设项目依法履行环评审批程序，严格土地、环保准入，合理开展项目选

址或线路走向设计。建立统一、高效的环境监测体系以及跨行政区环境污染联合防治协调机制、环境联合执法监督机制、规划环评会商机制，实行最严格的环境保护制度。发展先进适用的节能减排技术，实行更加严格的排放标准，严格控制规划实施区域内重点污染物排放总量。把环境影响问题作为规划评估的重要内容，并将评估结果作为规划相关内容完善的重要依据。

第七章　深化海陆双向开放合作

以深度参与中国—东盟合作为基点，主动融入"一带一路"建设和全球经济体系，扩大与国内发达地区密切合作，加快形成海陆双向开放合作新格局。

第一节　建设"一带一路"开放通道和平台

拓展海上开放通道。以北部湾区域性航运中心为依托，面向东盟及 21 世纪海上丝绸之路沿线国家，建设海上开放通道。推进通往粤港澳地区的铁路、高速公路、西江干支流航道建设，打造对接粤港澳、通达太平洋的出海新通道。

建设陆路开放通道。依托泛亚铁路，加快形成城市群南向开放通道，助力中国—中南半岛国际经济走廊建设，实现与东盟国家经贸合作、文化交流、人员往来更加密切。打通北上贵阳、重庆、成都等重点城市交通线路，建设衔接丝绸之路经济带的北向新通道。

提升开放平台功能。以主要港口、民航机场、铁路枢纽为基础，以重点开发开放试验区、边境经济合作区和国家一类口岸为支撑，以保税港区、综合保税区、出口加工区等为载体，构建对外开放平台体系。拓展"两国双园"模式，高标准建设中马钦州产业园，打造国际产能合作旗舰项目。加快建设东兴、凭祥沿边重点开发开放试验区，提升沿边开放水平。继续办好中国—东盟博览会、中国海洋经济博览会、海南国际海洋旅游博览会，提升泛北部湾经济合作论坛国际影响力，建设多元开放的服务平台。

第二节　深度参与中国—东盟合作

推动经贸合作升级。大力发展一般贸易和服务贸易，加快发展加工贸易，促进新型贸易方式发展。探索推广"两国一检"新模式，强化出境检验检疫合作交流，提高通关便利化水平。扩大东盟农林等特色产品进口，促进机电机械、钢铁建材、电子信息、水海产品等出口，积极参与国际产能合作，依法合规培育橡胶、林产品等国际大宗商品交易市场，打造中国—东盟重要进出口基地。利用国内外特色资源发展出口加工业，建设一批进出口加工基地，打造跨境产业链、价值链与物流链。大力引进一批区域性企业总部、国际合作组织、国际化中介服务机构，打造面向东盟的经贸服务基地。

推动区域金融改革创新。支持人民币与东盟国家货币在银行间外汇市场直接交易，对于市场基础相对薄弱的东盟国家货币，可先行在北部湾地区开展区域交易，扩大本币在跨境投资贸易中的使用，强化中国—东盟货币指数应用。大力发展沿边金融、跨境金融。

深化科技创新合作。围绕信息、海洋、高铁、农业等重点技术领域，创新对外科技合作模式，扩大与东盟科技合作，联合建设技术研发机构和科技示范园区、联合实验室，建立面向东盟的技术协同创新中心，加快建设中国—东盟技术转移中心，推动双向技术转移与科技成果转化。合作开展21世纪海上丝绸之路海洋综合调查与研究。鼓励国内科研机构和创新平台"走出去"，到境外设立分支机构。

扩大人文交流领域。以骆越文化的传承与保护为纽带，开展多层次多渠道人文交流，促进与21世纪海上丝绸之路沿线国家人文交流合作。引导人才链与产业链、创新链相衔接，加快引进培养各类高层次人才，建设面向东盟的区域性国际人才高地。加强教育和学术交流，支持教育机构与企业合作赴境外办学，实施中国—东盟"双十万学生流动计划升级版"，吸引相关国家政治精英、专家学者、企业家和社会人士到北部湾城市研修培训。争取更多国家在北部湾城市设立领事馆和商务办事处，开展城市外交。

第三节　加强国内区域协作

全面对接珠三角城市群。把向东与珠三角城市群合作放在突出位置，加强与珠江—西江经济带联动，依托沿海高铁、南广高铁、西江航道以及湛江—广州客专等综合性运输通道，主动承接珠三角城市群的产业、资金、技术转移和辐射，全面加强在投资、金融、能源水利、生态环保、公共服务等领域的合作。充分利用内地与港澳建立更紧密经贸关系安排（CEPA）政策，深化北部湾城市群与港澳的经贸投资合作。

加强与西南中南地区合作。推动向北向西交流合作，强化与西南中南地区战略规划、基础设施、产业发展、生态环保等领域的协调互动。对接长江经济带建设，加强与重庆、成都、长沙、昆明、贵阳等城市的交流合作，探索建立北部湾城市群与成渝、长江中游、滇中、黔中等城市群的合作机制。加快北部湾口岸与内陆区域通关一体化进程，吸引西南和中南地区货物流利用北部湾港口群进出海。

辐射带动周边欠发达地区发展。加强与滇桂黔石漠化区等集中连片特困地区和左右江革命老区、海南贫困地区、边境地区等欠发达地区在扶贫、就业、生态环保、基础设施建设等方面的合作，帮扶产业发展，吸纳劳动人口转移就业。

第八章　建立健全城市群协同发展机制

打破行政壁垒，强化协作协同，释放市场活力，探索建立以市场体系统一开放、公共服务共建共享、基础设施互联互通、生态环境联防联治等为重点的城市群协同发展模式，大力促进一体化发展。

第一节　推进市场一体化建设

率先建立一体化市场秩序。全面清理和废除妨碍城市群统一市场形成和公平竞争的各种地方性法规和政策，加快构建统一开放、竞争有序、充满活力的区域市场体系，探索建立区域市场一体化合作机制。统一市场准入，推行负面清单管理。加强市场信用体系建设，共建共享信用信息平台，培育发展区域信用服务市场，统一失信惩戒制度。健全市场监管体系，联合打击侵权假冒行为，共同维护企业和消费者合法权益。

推进区域金融市场和产权交易市场发展。支持金融机构在风险可控的前提下依据相关规定在北部湾城市群设立分支机构。强化金融监管合作，合力防范和打击非法集资犯罪，逐步推进金融信息、外汇管理等金融管理服务一体化。建立北部湾知识产权、技术成果交易市场。按照"总量控制、合理布局、审慎审批"的原则，统筹发展排污权、水权、林权、海域使用权等交易平台；依托现有交易场所，探索发展面向西南和东盟的橡胶、能源、钢材、糖等特色商品现货交易。

促进劳动力自由流动。深化户籍制度改革，放宽南宁、海口落户限制，全面放开其他城市户籍迁移限制。推进人口服务同城化建设，实现身份证换领补领、户口迁移网上审批、出入境管理、车辆管理等事项异地办理。建立北部湾人才市场，共享就业信息和人才信息，推行各类职业资格、专业标准的城市间统一认证认可。

推进旅游市场一体化。依托北部湾（中国）旅游推广联盟，树立"美丽蓝色海湾"旅游品牌，联合打造精品旅游线路。加强城市间旅游市场合作，实现景点互推、游客互送，合力建设国际一流旅游目的地。规范发展旅游市场，统一服务标准，加强联合执法。

第二节　建立公共服务协同发展机制

加强教育合作。筹建北部湾大学、湛江科技大学，加快建设中国—东盟职业教育培训中心，推进职业教育集团化发展，提高人才培养能力和规模。鼓励开展多种形式的跨地区教育合作，支持优质学校跨地区共享教育资源，支持高校跨地区共建共用院校科研实验室、职业技能鉴定中心和实训基地。构建教育交流沟通平台，建立高校专家资源交流合作和教师培训交流合作机制。

推进医疗卫生资源共享。加强城市群各级各类医疗卫生机构建设，提升整体服务能力和水平，打造"健康北部湾"。深化医疗卫生体制改革，全面建立分级诊疗制度，提高基层服务能力。鼓励城市群内医疗机构通过远程诊疗、派驻专家、交流进修等方式加大交流与合作。探索建立标准统一、接口统一的医疗信息化平台。积极探索重大疫情信息通报与联防联控工作机制、突发公共卫生事件应急合作机制和卫生事件互通协查机制。积极推进陆海空立体医疗转运与救治，探索建立海（水）上紧急医学救援基地。

共同推动文化繁荣。研究建设北部湾21世纪海上丝绸之路博物馆、中国—东盟文化产业基地等。挖掘"南海Ⅰ号"品牌价值，弘扬北部湾海洋历史文化。共同承办全国性乃至国际性重大文化活动和联合组织对外商演展览。建立跨地区文化联盟，探索建立跨区域公共图书馆文献、地方文献共享网络平台。加强文化市场管理相关机构执法合作，建立信息互通、联合执法机制。加强跨地区体育交流合作，联合举办区域性竞技体育和群众性体育活动，共同承办国际重大体育赛事。

推进社会保障管理服务一体化。推行"互联网＋人社"，统筹推进社会保障等领域信息化建设，形成一体化的信息化应用支撑体系，逐步实现城市群内社保"一卡通"。建立和完善社保关系跨地区转移接续机制。探索建立跨省异地就医结算机制，逐步实现城市群内参保人员信息互联共享、定点医疗机构互认和异地就医直接结算。健全基本医疗保险、大病保险、商业保险、医疗救助等"一站式"及时结算机制。完善跨部门社会救助家庭经济状况信息核对平台。

强化公共事务协同治理。整合灾害信息资源，建立一体化的防灾减灾体制，探索城市群救灾应急行动的协调和指挥，加强防洪、抗台、病虫害防治、消防、地震预防合作。建立区域性食品药品检验检测中心，推进信息互通、资源共享、执法互助，协同保障食品药品安全。加强跨区域警务协作和联合执法，加强警务信息交流，建立群体性事件预警、案件应急处置、交通安全部门协作机制。严厉打击跨省市犯罪和非法出入境、拐卖人口、走私贩毒、恐怖主义等违法犯罪活动，在维护社会稳定、处置突发事件等方面实现区域联动。

第三节　创新利益协调机制

研究建立北部湾城市群一体化发展基金。根据城市群建设实际需求研究筹建北部湾城市群一体化发展基金，积极引入各类社会资本，重点支持跨地区基础设施建设、生态联防联治、重大公共服务平台建设等。

协同开展先行先试。探索将海南国际旅游岛建设先行先试和促进沿边地区开放的部分改革举措和政策，率先在北部湾城市群内推广，协同攻坚、共克难题。

建立成本共担和利益共享机制。鼓励北部湾城市群建立产业跨行政区转移的利益共享机制，相关项目收益由合作各方分享。探索建立跨行政区水资源开发利用、生态环境保护和生态补偿机制。实现城市群公共交通"一卡通"和公路收费"一卡通"，取消城市群内固定电话长途费和移动数据漫游费。

第九章　规划实施

广东、广西、海南三省（区）人民政府和国务院有关部门要高度重视、精心组织，深化细化配套政策措施，建立健全协同工作机制，确保规划目标和任务如期完成。

第一节　加强组织领导

粤桂琼三省（区）人民政府是北部湾城市群建设的责任主体，要切实加强规划实施的组织领导，建立城市群建设发展协调机制，明确推进机构，制定实施方案，落实工作责任，形成工作合力。国务院有关部门要切实履行职能，研究制定支持北部湾城市群发展的具体措施，在有关规划编制、跨区域重大项目建设、土地保障、优化行政区划设置、体制机制创新等方面给予积极指导和支持。国家发展改革委、住房城乡建设部要加强对规划实施情况的跟踪分析和督促检查，适时组织开展规划实施情况评估。

第二节　推动重点工作

依据本规划的总体部署，粤桂琼三省（区）要抓紧共同编制出台相关专项规划，研究制定年度工作计划，协同推进重点任务落实；建立交通、港口、资源环境、信息、市场、公共服务、产业等专项合作机制，分领域策划和推进具体合作事项及项目。国务院有关部门要完善激励约束机制，督促各地区采取共同行动策略，保障合作的持续稳定开展；健全财力保障机制，加强财政预算与规划实施的衔接协调，强化各级财政对规划实施的保障作用，合理安排支出规模和结构。

第三节　营造舆论环境

加强北部湾城市群一体化发展的宣传报道，突出宣传城市群发展的重要意义、重大举措和成果，形成推动城市群一体化发展的舆论氛围。引导社会各界关注和参与城市群建设，畅通公众意见反馈渠道，引导各类市场主体积极、主动参与城市群建设。

中华人民共和国与东南亚国家联盟
全面经济合作框架协议

序言：

我们，中华人民共和国（以下简称"中国"）与文莱达鲁萨兰国、柬埔寨王国、印度尼西亚共和国、老挝人民民主共和国、马来西亚、缅甸联邦、菲律宾共和国、新加坡共和国、泰王国和越南社会主义共和国等东南亚国家联盟成员国（以下将其整体简称为"东盟"或"东盟各成员国"，单独一国简称"东盟成员国"）政府首脑或国家元首：

忆及我们 2001 年 11 月 6 日在文莱达鲁萨兰国斯里巴加湾东盟—中国领导人会上关于经济合作框架和在 10 年内建立中国—东盟自由贸易区（以下简称"中国—东盟自贸区"）的决定，自由贸易区将对柬埔寨、老挝、缅甸和越南等东盟新成员国（以下简称"东盟新成员国"）给予特殊和差别待遇及灵活性，并对早期收获做出规定，其涉及的产品及服务清单将通过相互磋商决定。

期望通过具有前瞻性的《中国与东盟（以下将其整体简称为"各缔约方"，单独提及东盟一成员国或中国时简称为"一缔约方"）全面经济合作框架协议》（以下简称"本协议"），以构筑双方在 21 世纪更紧密的经济联系。

期望最大限度地降低壁垒，加深各缔约方之间的经济联系；降低成本；增加区域内贸易与投资；提高经济效率；为各缔约方的工商业创造更大规模的市场，该市场将为商业活动提供更多机会和更大规模的经济容量，以及增强各缔约方对资本和人才的吸引力。

确信中国—东盟自贸区的建立将在各缔约方之间创造一种伙伴关系，并为东亚加强合作和维护经济稳定提供一个重要机制。

认识到工商部门在加强各缔约方之间的贸易和投资方面的重要作用和贡献，以及进一步推动和便利它们之间的合作并使它们充分利用中国—东盟自贸区带来的更多商业机会的必要性。

认识到东盟各成员国之间经济发展阶段的差异和对灵活性的要求，特别是为东盟新成员国更多地参与中国—东盟经济合作提供便利并扩大它们出口增长的需要，这要着重通过加强其国内能力、效率和竞争力来实现。

重申各缔约方在世界贸易组织（以下简称为 WTO）和其他多边、区域及双边协议与安排中的权利、义务和承诺。

认识到区域贸易安排在加快区域和全球贸易自由化方面能够起到的促进作用，以及在多边贸易体制框架中起到的建设性作用。

现达成如下协议：

第一条　目标

本协议的目标是：

（1）加强和增进各缔约方之间的经济、贸易和投资合作；

（2）促进货物和服务贸易，逐步实现货物和服务贸易自由化，并创造透明、自由和便利的投资机制；

（3）为各缔约方之间更紧密的经济合作开辟新领域，制定适当的措施；

（4）为东盟新成员国更有效地参与经济一体化提供便利，缩小各缔约方发展水平的差距。

第二条　全面经济合作措施

各缔约方同意迅速地进行谈判，以在 10 年内建立中国—东盟自贸区，并通过下列措施加强和增进合作：

（1）在实质上所有货物贸易中逐步取消关税与非关税壁垒；

（2）逐步实现涵盖众多部门的服务贸易自由化；

（3）建立开放和竞争的投资机制，便利和促进中国—东盟自贸区内的投资；

（4）对东盟新成员国提供特殊和差别待遇及灵活性；

（5）在中国—东盟自贸区谈判中，给各缔约方提供灵活性，以解决它们各自在货物、服务和投资方面的敏感领域问题，此种灵活性应基于对等和互利的原则，经谈判和相互同意后提供；

（6）建立有效的贸易与投资便利化措施，包括但不限于简化海关程序和制定相互认证安排；

（7）在各缔约方相互同意的、对深化各缔约方贸易和投资联系有补充作用的领域扩大经济合作，编制行动计划和项目以实施在商定部门/领域的合作；

（8）建立适当的机制以有效地执行本协议。

第一部分

第三条　货物贸易

1. 除本协议第六条所列的"早期收获"计划以外，为了加速货物贸易的扩展，各缔约方同意进行谈判，对各缔约方之间实质上所有货物贸易取消关税和其他限制性贸易法规（如必要，按照 WTO 关税与贸易总协定（以下简称为 GATT）第 24 条允许的关税和限制性贸易法规除外）。

2. 就本条而言，应适用如下定义，除非文中另有解释：

（1）"东盟六国"指的是文莱、印度尼西亚、马来西亚、菲律宾、新加坡和泰国；

（2）"实施的最惠国关税税率"应包括配额内税率以及如下税率：

1）对于 2003 年 7 月 1 日时为 WTO 成员的东盟成员国及中国，指其 2003 年 7 月 1 日各自实施的最惠国关税税率；

2）对于 2003 年 7 月 1 日时非 WTO 成员的东盟成员国，指其 2003 年 7 月 1 日对中国实施的税率；

（3）"非关税措施"应包括非关税壁垒。

3. 各缔约方的关税削减或取消计划应要求各缔约方逐步削减列入清单的产品关税并在适当时依照本条予以取消。

4. 依照本条纳入关税削减或取消计划的产品应包括所有未被本协议第六条所列的"早期收获"计划涵盖的产品，这些产品应分为如下两类：

（1）正常类：一缔约方根据自身安排纳入正常类的产品应注意：

1）使其各自实施的最惠国关税税率依照特定的减让表和税率（经各缔约方相互同意）逐步削减或取消，对于中国和东盟六国，实施期应从 2005 年 1 月 1 日到 2010 年，对于东盟新成员国，实施期应从 2005 年 1 月 1 日到 2015 年，并采用更高的起始税率和不同实施阶段；

2）按照上文第 4 款（1）1）已经削减但未取消的关税，应在经各缔约方相互同意的时间框架内逐步取消。

（2）敏感类：一缔约方根据自身安排纳入敏感类的产品应注意：

1）使其各自实施的最惠国关税税率依照相互同意的最终税率和最终时间削减；

2）在适当时，使其各自实施的最惠国关税税率在各缔约方相互同意的时间框架内逐步取消。

5. 敏感类产品的数量应在各缔约方相互同意的基础上设定一个上限。

6. 各缔约方依照本条及第六条所做的承诺应符合 WTO 对各缔约方之间实质上所有贸易取消关税的要求。

7. 各缔约方之间依照本条相互同意的特定的关税税率应仅列出各缔约方削减后适用关税税率的上限或在特定实施年份的削减幅度，不应阻止任一缔约方自愿加速进行关税削减或取消。

8. 各缔约方之间关于建立涵盖货物贸易的中国—东盟自贸区的谈判还应包括但不限于下列内容：

（1）管理正常类和敏感类产品的关税削减或取消计划以及本条前述各款未涉及的任何其他有关问题的其他具体规则，包括管理对等承诺的各项原则；

（2）原产地规则；

（3）配额外税率的处理；

（4）基于 GATT 第 28 条，对一缔约方在货物贸易协议中的承诺所做的修改；

（5）对本条或第六条涵盖的任何产品采用的非关税措施，包括但不限于对任何产品的进口或者对任何产品的出口或出口销售采取的数量限制或禁止，缺乏科学依据的动植物卫生检疫措施以及技术性贸易壁垒；

（6）基于 GATT 的保障措施，包括但不限于下列内容：透明度、涵盖范围、行动的客观标准——包括严重损害或严重损害威胁的概念，以及临时性；

（7）基于 GATT 现行规则的关于补贴、反补贴措施及反倾销措施的各项规则；

（8）基于 WTO 及世界知识产权组织（简称 WIPO）现行规则和其他相关规则，便利和促进对与贸易有关的知识产权进行有效和充分的保护。

第四条　服务贸易

为了加速服务贸易的发展，各缔约方同意进行谈判，逐步实现涵盖众多部门的服务贸易自由化。此种谈判应致力于：

（1）在各缔约方之间的服务贸易领域，逐步取消彼此或各缔约方间存在的实质所有歧视，和/或禁止采取新的或增加歧视性措施，但 WTO《服务贸易总协定》（以下简称为 GATS）第五条第 1 款所允许的措施除外；

（2）在中国与东盟各成员国根据 GATS 所做承诺的基础上，继续扩展服务贸易自由化的深度与广度；

（3）增进各缔约方在服务领域的合作以提高效率和竞争力，实现各缔约方各自服务供应商的服务供给与分配的多样化。

第五条　投资

为了促进投资并建立一个自由、便利、透明并具有竞争力的投资体制，各缔约方同意：

（1）谈判以逐步实现投资机制的自由化；

（2）加强投资领域的合作，便利投资并提高投资规章和法规的透明度；

（3）提供投资保护。

第六条　早期收获

1. 为了加速实施本协议，各缔约方同意对下文第 3 款所涵盖的产品实施"早期收获"计划（该计划为中国—东盟自贸区的组成部分），"早期收获"计划将按照本协议中规定的时间框架开始和结束。

2. 就本条而言，应适用如下定义，除非文中另有解释：

（1）"东盟六国"指的是文莱、印度尼西亚、马来西亚、菲律宾、新加坡和泰国；

（2）"实施的最惠国关税税率"应包括配额内税率，还包括：

1）对于 2003 年 7 月 1 日时为 WTO 成员的东盟成员国及中国，指其 2003 年 7 月 1 日各自实施的最惠国关税税率；

2）对于 2003 年 7 月 1 日时非 WTO 成员的东盟成员国，指其 2003 年 7 月 1 日对中国实施的税率；

3. "早期收获"计划中适用的产品范围、关税削减和取消、实施的时间框架、原产地规则、贸易补偿及紧急措施等问题应遵循下列规定：

（1）产品范围。

1）下面各章中 HS8 或 9 位税号的所有产品都应包括在"早期收获"计划中，除非一缔约方在本协议附件 1 的例外清单中将其排除，此种情况下该缔约方的这些产品可以得到豁免：

章	描述
01	活动物
02	肉及食用杂碎
03	鱼
04	乳品
05	其他动物产品
06	活树
07	食用蔬菜
08	食用水果及坚果

2）已将某些产品纳入例外清单的任何一缔约方可以在任何时候修改例外清单，将例外清单的一项或多项产品纳入"早期收获"计划。

3）本协议附件2中所列的特定产品应涵盖在"早期收获"计划中，这些产品的关税减让应仅对附件2中列明的缔约方适用。这些缔约方必须就该部分产品相互提供关税减让。

4）对于附件1或附件2所列的未能完成适当的产品清单的缔约方，经相互同意可在不迟于2003年3月1日前完成。

（2）关税削减和取消。

1）"早期收获"计划中涵盖的所有产品都应按照规定划分为三类进行关税削减和取消，并按照本协议附件3中所列的时间框架执行。本款不应阻止任何缔约方自愿加速其关税削减或取消。

2）所有实施的最惠国关税税率为零的产品，应继续保持零税率。

3）实施税率降低到零的产品，税率应继续保持为零。

4）一缔约方应享受所有其他缔约方就上文第3款（1）所列的某一产品

所作的关税减让，只要该缔约方的同一产品保持在第3款（1）所列的"早期收获"计划中。

（3）临时原产地规则。

适用于"早期收获"计划所涵盖产品的临时原产地规则应在2003年7月以前谈判并完成制定。临时原产地规则应由各缔约方根据本协议第三条谈判制定并实施的原产地规则替换和取代。

（4）WTO条款的适用。

WTO中有关承诺的修订、保障措施、紧急措施和其他贸易补偿措施——包括反倾销措施、补贴及反补贴措施等方面的条款，应临时性地适用于"早期收获"计划涵盖的产品。一旦各缔约方根据本协议第三条谈判达成的相关规定得以执行，上述WTO的条款应被这些相关规定替换和取代。

4. 除了本条上面各款中规定的货物贸易方面的"早期收获"计划以外，各缔约方应在2003年初探讨在服务贸易方面推行早期收获计划的可行性。

5. 为了推动各缔约方之间的经济合作，本协议附件4中规定的各项活动应予执行或视情况要求加快实施。

第二部分

第七条　其他经济合作领域

1. 各缔约方同意在下列五个优先领域加强合作：

（1）农业；

（2）信息及通信技术；

（3）人力资源开发；

（4）投资；

（5）湄公河盆地的开发。

2. 合作应扩展到其他领域，包括但不限于银行、金融、旅游、工业合作、交通、电信、知识产权、中小企业、环境、生物技术、渔业、林业及林业产品、矿业、能源及次区域开发等。

3. 加强合作的措施应包括但不应仅限于：

（1）推动和便利货物贸易、服务贸易及投资，如：

1）标准及一致化评定；

2）技术性贸易壁垒和非关税措施；

3）海关合作。

（2）提高中小企业竞争力；

（3）促进电子商务；

（4）能力建设；

（5）技术转让。

4. 各缔约方同意实施能力建设计划以及实行技术援助，特别是针对东盟新成员国，以调整它们的经济结构，扩大它们与中国的贸易与投资。

第三部分

第八条　时间框架

1. 在货物贸易方面，关于本协议第三条中所列的关税削减或取消和其他问题的协议的谈判应于 2003 年初开始，2004 年 6 月 30 日之前结束，以建立涵盖货物贸易的中国—东盟自贸区，对于文莱、中国、印度尼西亚、马来西亚、菲律宾、新加坡和泰国，建成自贸区的时间是 2010 年，东盟新成员国建成自贸区的时间是 2015 年。

2. 本协议第三条所列的关于货物贸易原产地规则的谈判应不迟于 2003 年 12 月结束。

3. 服务贸易和投资方面，各项协议的谈判应于 2003 年开始，并应尽快结束，以依照相互同意的时间框架付诸实施，实施时需要：①考虑各缔约方的敏感领域；②为东盟新成员国提供特殊和差别待遇及灵活性。

4. 对于本协议第二部分中所列的经济合作的其他领域，各缔约方应继续巩固实施本协议第七条中所列的现有的或经同意的各项计划，制定新的经济合作计划，并在经济合作的各个领域达成协议。各缔约方应迅速采取行动，以便以所有相关缔约方都能接受的方式和速度尽早实施。这些协议应包含实施其中各项承诺的时间框架。

第九条 最惠国待遇

中国自本协议签字之日起应给予所有非 WTO 成员的东盟成员国符合 WTO 规则和规定的最惠国待遇。

第十条 一般例外

在遵守关于此类措施的实施不在情形相同的各缔约方彼此或各缔约方之间构成任意或不合理歧视的手段或构成对中国—东盟自贸区内贸易的变相限制的要求前提下，本协定的任何规定不得阻止任何缔约方采取或实施保护其国家安全、保护具有艺术、历史或考古价值的文物所采取的措施，或保护公共道德所必需的措施，或保护人类、动物或植物的生命和健康所必需的措施。

第十一条 争端解决机制

1. 各缔约方应在本协议生效 1 年内，为实施本协议建立适当的正式的争端解决程序与机制。

2. 在上文第 1 款所称的争端解决程序与机制建立前，任何关于本协议的解释、实施和适用的争端，应通过磋商和/或仲裁以友好的方式加以解决。

第十二条 谈判的机构安排

1. 已建立的中国—东盟贸易谈判委员会（以下简称"中国—东盟 TNC"）应继续负责执行本协议中所列的谈判计划。

2. 各缔约方在必要时可以建立其他机构来协调和实施依照本协议开展的任何经济合作活动。

3. 中国—东盟 TNC 和上述所有机构应通过中国对外贸易经济合作部（以下简称"中国外经贸部"）与东盟经济高官会（以下简称 SEOM），定期向中国外经贸部部长和东盟经济部长会议（以下简称 AEM）汇报其谈判进度及成果。

4. 无论中国—东盟 TNC 于何时何地进行谈判，东盟秘书处和外经贸部应联合给以必要的行政支持。

第十三条　杂项条款

1. 本协议应包含所附附件及其内容，以及将来所有依照本协议通过的法律文件。

2. 除非本协议另有规定，本协议或依照本协议采取的任何行动不得影响或废止一缔约方依照其现有缔约方的协议所享受的权利和承担的义务。

3. 各缔约方应当努力避免增加影响实施本协议的约束或限制。

第十四条　修正

本协议的条款可经各缔约方以书面形式相互同意达成的修正案加以修订。

第十五条　交存方

对于东盟成员国，本协议应交存于东盟秘书长，东盟秘书长应及时向每一个东盟成员国提供一份经核证的副本。

第十六条　生效

1. 本协议于 2003 年 7 月 1 日生效。

2. 各缔约方应于 2003 年 7 月 1 日前完成使本协议生效的国内程序。

3. 如一缔约方未能在 2003 年 7 月 1 日之前完成使本协议生效的国内程序，该缔约方依照本协议的权利与义务应自其完成此类国内程序之日开始。

4. 一缔约方完成使本协议生效的国内程序，即应以书面形式通报所有其他缔约方。

鉴此，我们签署《中华人民共和国与东南亚国家联盟全面经济合作框架协议》。

本协议以英文书就，一式两份，2002 年 11 月 4 日签署于柬埔寨金边。

附件 1

各缔约方在第六条"早期收获"计划中的例外产品清单

A. 下列缔约方已经完成了彼此间谈判，例外清单如下：

1. 东盟

（1）文莱：无任何产品例外。

（2）柬埔寨：

序号	HS 税号/产品描述（柬埔寨）	HS 税号/产品描述（中国）
1	0103.92.00 —重量在 50 公斤及以上	中国应在本协议签字后以最快速度提供与本表第二列中的税号与产品描述相符的 HS 税号及描述
2	0207.11.00 —整只，鲜或冷的	同上
3	0207.12.00 —整只，冻的	同上
4	0207.13.00 —块及杂碎，鲜或冷的	同上
5	0207.14.10 —翼	同上
6	0207.14.20 —腿	同上
7	0207.14.30 —肝	同上
8	0207.14.90 —其他	同上

序号	HS 税号/产品描述（柬埔寨）	HS 税号/产品描述（中国）
9	0301.93.00 —鲤鱼	同上
10	0702.00.00 —鲜或冷藏的番茄	同上
11	0703.10.10 —洋葱	同上
12	0703.20.00 —大蒜	同上
13	0704.10.10 —菜花	同上
14	0704.10.20 —硬花甘蓝	同上
15	0704.90.10 —卷心菜	同上
16	0704.90.90 —其他	同上
17	0705.11.00 —结球莴苣（包心生菜）	同上
18	0705.19.00 —其他	同上
19	0706.10.10 —胡萝卜	同上
20	0706.10.20 —萝卜	同上
21	0706.90.00 —其他	同上
22	0708.20.00 —豇豆及菜豆	同上
23	0709.90.00 —其他	同上

序号	HS 税号/产品描述（柬埔寨）	HS 税号/产品描述（中国）
24	0801.19.00 —其他	同上
25	0804.30.00 —菠萝	同上
26	0804.50.00 —番石榴、芒果及山竹果	同上
27	0805.10.00 —橙	同上
28	0807.11.00 —西瓜	同上
29	0807.19.00 —其他	同上
30	0810.90.20 —龙眼	同上

（3）印度尼西亚：无任何产品例外。[①]

（4）缅甸：无任何产品例外。

（5）新加坡：无任何产品例外。

（6）泰国：无任何产品例外。

（7）越南：

序号	HS 税号/产品描述（越南）	HS 税号/产品描述（中国）
	HS：0105 家禽，即鸡、鸭、鹅、火鸡及珍珠鸡	HS：0105 家禽，即鸡、鸭、鹅、火鸡及珍珠鸡
1	HS：0105.11.900 —重量不超过 185 克 —鸡 —其他	HS：0105.11.90 —重量不超过 185 克 —鸡 —其他

---

① 印度尼西亚的甜玉米（HS 税号 071010000）将取决于其 WTO 多边谈判结果。

序号	HS 税号/产品描述（越南）	HS 税号/产品描述（中国）
2	HS：0105.92.900 —其他 —鸡，重量不超过 2 千克 —其他	HS：0105.92.90 —其他 —鸡，重量不超过 2 千克 —其他
3	HS：0105.93.000 —其他 —鸡，重量超过 2 千克	HS：0105.93.10 —其他 —鸡，重量超过 2 千克 —改良种用 HS：0105.93.90 —其他 —鸡，重量超过 2 千克 —其他
4	HS：0105.99.900 —其他 —其他 —其他	HS：0105.99.91 —其他 —其他 —其他 —鸭 HS：0105.99.92 —其他 —其他 —其他 —鹅 HS：0105.99.93 —其他 —其他 —其他 —珍珠鸡 HS：0105.99.94 —其他 —其他 —其他 —火鸡

序号	HS 税号/产品描述（越南）	HS 税号/产品描述（中国）
	HS：0207 税号 0103 所列家禽的鲜、冷、冻肉及食用杂碎	HS：0207 税号 0105 所列家禽的鲜、冷、冻肉及食用杂碎
5	HS：0207.11.000 —鸡 —整只，鲜或冷的	HS：0207.11.00 —鸡 —整只，鲜或冷的
6	HS：0207.12.000 —鸡 —整只，冻的	HS：0207.12.00 —鸡 —整只，冻的
7	HS：0207.13.000 —鸡 —块及杂碎，鲜或冷的	HS：0207.13.11 —鸡 —块及杂碎，鲜或冷的 —块 —带骨的 HS：0207.13.19 —鸡 —块及杂碎，鲜或冷的 —块 —其他 HS：0207.13.21 —鸡 —块及杂碎，鲜或冷的 —杂碎 —翼（不包括翼尖） HS：0207.13.29 —鸡 —块及杂碎，鲜或冷的 —杂碎 —其他
8	HS：0207.14.000 —鸡 —块及杂碎，冻的	HS：0207.14.11 —鸡 —块及杂碎，冻的 —块 —带骨的

序号	HS 税号/产品描述（越南）	HS 税号/产品描述（中国）
8	HS：0207.14.000 —鸡 —块及杂碎，冻的	HS：0207.14.19 —鸡 —块及杂碎，冻的 —块 —其他
		HS：0207.14.21 —鸡 —块及杂碎，冻的 —杂碎 —翼（不包括翼尖）
		HS：0207.14.29 —鸡 —块及杂碎，冻的 —杂碎 —其他
9	HS：0207.26.000 —火鸡 —块及杂碎，鲜或冷的	HS：0207.26.00 —火鸡 —块及杂碎，鲜或冷的
10	HS：0207.27.000 —火鸡 —块及杂碎，冻的	HS：0207.27.00 —火鸡 —块及杂碎，冻的
	HS：0407 带壳禽蛋，鲜、腌制或煮过的	HS：0407 带壳禽蛋，鲜、腌制或煮过的
11	HS：0407.00.100 —种用蛋	HS：0407.00.10 —种用蛋
12	HS：0407.00.900 —其他	HS：0407.00.21 —其他带壳鲜蛋 —鸡蛋
		HS：0407.00.22 —其他带壳鲜蛋 —鸭蛋

序号	HS 税号/产品描述（越南）	HS 税号/产品描述（中国）
12	HS：0407.00.900 —其他	HS：0407.00.23 —其他带壳鲜蛋 —鹅蛋
		HS：0407.0029 —其他带壳鲜蛋 —其他
		HS：0407.00.91 —其他 —咸蛋
		HS：0407.00.92 —其他 —皮蛋
		HS：0407.00.99 —其他 —其他
	HS：0805 鲜或干的柑桔属水果	HS：0805 鲜或干的柑桔属水果
13	HS：0805.30.000 —柠檬及酸橙	HS：0805.50.00 —柠檬及酸橙
14	HS：0805.40.000 —柚	HS：0805.40.00 —柚
15	HS：0805.90.000 —其他	HS：0805.90.00 —其他

2. 中国（对下列国家）

（1）文莱：无任何产品例外。

（2）印度尼西亚：无任何产品例外。

（3）缅甸：无任何产品例外。

（4）新加坡：无任何产品例外。

（5）泰国：无任何产品例外。

B. 下列缔约方尚未完成谈判，应于 2003 年 3 月 1 日前完成关于例外清单的谈判。

（1）老挝。

（2）马来西亚。

（3）菲律宾。

（4）中国（对老挝、马来西亚及菲律宾）。

附件 2

第六条"早期收获"计划中的特定产品

A. 文莱与新加坡应成为中国与任一其他缔约方依照第六条第 3 款已经或将要达成一致的安排的缔约方。文莱与新加坡应在本协议签字之后，尽可能快地提供与中国和任一其他缔约方依照第六条第 3 款已经或将要达成一致的特定产品的 HS 税号和产品描述相符的税号及产品描述。

B. 下列缔约方已经完成与中国的谈判，其特定产品如下：

1. 柬埔寨：无

2. 印度尼西亚：

序号	HS 税号/产品描述（中国）	HS 税号/产品描述（印度尼西亚）
1	09012200 —已焙炒的咖啡 —已浸除咖啡碱	090122000 已焙炒、已浸除咖啡碱的咖啡
2	15131100 —椰子油及其分离品 —初榨的	151311000 初榨椰子油及其分离品

序号	HS 税号/产品描述（中国）	HS 税号/产品描述（印度尼西亚）
3	15131900 —椰子油及其分离品 —其他	151319000 椰子油及其分离品，但不包括初榨的
4	15132100 —棕榈仁油或巴巴苏棕榈果油及其分离品 —初榨的	151321000 初榨棕榈仁油或巴巴苏棕榈果油及其分离品
5	15132900 —棕榈仁油或巴巴苏棕榈果油及其分离品 —其他	151329000 棕榈仁油或巴巴苏棕榈果油及其分离品，但不包括初榨的
6	15162000 植物油、脂及其分离品	151620000 植物油、脂及其分离品，氢化的
7	15179000 人造黄油。本章中各种动、植物油、脂及其分离品混合制成的食用油、脂或制品，但税号 1516 的食用油、制及其分离品除外 —其他	151790000 油脂食品，不另描述
8	18061000 —加糖或其他甜物质的可可粉	180610000 加糖或其他甜物质的可可粉
9	34011990 —肥皂。作肥皂用的有机表面活性产品及制品，条状、块状或模制形状的，以及用肥皂或洗涤剂浸渍、涂面或包覆的纸、絮胎、毡呢及无防治物 —其他 —其他	340119900 条状表面活性产品
10	34012000 其他形状的肥皂	340120000 其他形状的肥皂，不另描述

续表

序号	HS 税号/产品描述（中国）	HS 税号/产品描述（印度尼西亚）
11	40169200 硫化橡胶（硬脂橡胶除外）的其他制品 —其他 —橡皮擦	401692000 硫化橡胶制橡皮擦
12	70112010 —阴极射线管用未封口玻璃外壳 —防眩玻壳	701120100 阴极射线管用防影玻璃外壳
13	94015000 —藤、柳条、竹及类似材料制的坐具	940150000 —藤、柳条、竹及类似材料制的坐具 940150900 其他藤制坐具
14	94038010 —其他材料制的家具，包括藤、柳条、竹及类似材料制 —藤、柳条、竹及类似材料制	940380100 藤、柳条、竹及类似材料制的家具

3. 老挝：无

4. 缅甸：无

5. 泰国：

序号	HS 税号及产品描述（中国）	HS 税号及产品描述（泰国）
1	27011100 无烟煤	270111008 无烟煤，无论是否粉化，但未制成型
2	27040010 焦炭及半焦炭	270400904 焦炭及半焦炭，褐煤或泥煤制

6. 越南：无

C. 下列各缔约方尚未完成与中国的谈判，应在 2003 年 3 月 1 日前完成特定产品谈判。

1. 马来西亚

2. 菲律宾

附件 3

A. 依照第六条第 3 款进行关税削减和取消的产品类别。

这三类产品如下：

1. 类别 1

对于中国和东盟六国，指实施的最惠国关税税率高于 15% 的所有产品。

对于东盟新成员国，指实施的最惠国关税税率高于 30%（含）的所有产品。

2. 类别 2

对于中国和东盟六国，指实施的最惠国关税税率在 5% ~ 15%（含）的所有产品。

对于东盟新成员国，指实施的最惠国关税税率在 15%（含）~ 30%（不含）的所有产品。

3. 类别 3

对于中国和东盟六国，指实施的最惠国关税税率低于 5% 的所有产品。

对于东盟新成员国，指实施的最惠国关税税率低于 15% 的所有产品。

B. 第六条第 3 款的实施时间框架。

"早期收获"计划应不迟于 2004 年 1 月 1 日实施，时间框架如下：

1. 中国和东盟六国

产品类别	不迟于 2004 年 1 月 1 日	不迟于 2005 年 1 月 1 日	不迟于 2006 年 1 月 1 日
1	10%	5%	0%
2	5%	0%	0%
3	0%	0%	0%

2. 东盟新成员国

（1）产品类别1。

国家	不迟于 2004 年 1 月 1 日	不迟于 2005 年 1 月 1 日	不迟于 2006 年 1 月 1 日	不迟于 2007 年 1 月 1 日	不迟于 2008 年 1 月 1 日	不迟于 2009 年 1 月 1 日	不迟于 2010 年 1 月 1 日
越南	20%	15%	10%	5%	0%	0%	0%
老挝与缅甸	—	—	20%	14%	8%	0%	0%
柬埔寨	—	—	20%	15%	10%	5%	0%

（2）产品类别2。

国家	不迟于 2004 年 1 月 1 日	不迟于 2005 年 1 月 1 日	不迟于 2006 年 1 月 1 日	不迟于 2007 年 1 月 1 日	不迟于 2008 年 1 月 1 日	不迟于 2009 年 1 月 1 日	不迟于 2010 年 1 月 1 日
越南	10%	10%	5%	5%	0%	0%	0%
老挝与缅甸	—	—	10%	10%	5%	0%	0%
柬埔寨	—	—	10%	10%	5%	5%	0%

（3）产品类别3。

国家	不迟于 2004 年 1 月 1 日	不迟于 2005 年 1 月 1 日	不迟于 2006 年 1 月 1 日	不迟于 2007 年 1 月 1 日	不迟于 2008 年 1 月 1 日	不迟于 2009 年 1 月 1 日	不迟于 2010 年 1 月 1 日
越南	5%	5%	0~5%	0~5%	0%	0%	0%
老挝与缅甸	—	—	5%	5%	0~5%	0%	0%
柬埔寨	—	—	5%	5%	0~5%	0~5%	0%

附件 4

第六条第 5 款所列的活动

（a）分别按照东盟湄公河盆地发展合作框架和大湄公河次区域计划，加快新加坡—昆明铁路与曼谷—昆明高速公路项目的实施；

（b）实施在柬埔寨举行的第一届大湄公河次区域国家首脑会议所制定的该区域中长期全面发展规划；

（c）通过未来设定的特定程序与机制，指定东盟成员国与中国的联络点，作为推动与促进各缔约方之间贸易与投资发展的中心；

（d）在具有共同利益的领域，如农产品和电子电机设备，寻求建立相互认证安排的可能性，并在共同商定的时间框架内完成；

（e）在各缔约方的标准与一致化管理机构之间建立合作，以在其他领域推动贸易便利化及合作；

（f）实施各缔约方于 2002 年 11 月就农业合作达成的谅解备忘录；

（g）在各缔约方彼此间就信息和通信技术产业合作达成谅解备忘录；

（h）利用东盟与中国合作基金，通过制定具体项目，进一步增强在人力资源开发领域的合作；

（i）确立具体的技术项目，帮助东盟新成员国增强区域一体化的能力并为非 WTO 成员的东盟成员国加入 WTO 提供便利；

（j）建立海关合作机制，推动贸易便利化及其他领域的合作；

（k）建立各缔约方相关的知识产权保护部门之间的合作机制。